农村公路建设与养护实用指南

Practical Guidelines for Rural Highway Construction and Maintenance

涂荣辉 主编

人民交通出版社股份有限公司

北 京

内 容 提 要

本书以浙江农村公路为切入点，系统阐述了农村公路的建设和养护，具体分为建设管理、质量安全管理和养护管理三篇，内容包括：农村公路建设管理模式、农村公路建设管理基本制度、农村公路建设程序、农村公路设计要点、浙江省农村公路建设管理实例、工程质量安全管理体制、工程质量安全监督管理、农村公路施工质量控制、农村公路施工安全生产控制、常见质量通病及防治措施、常见安全隐患及防治措施、农村公路养护概述、农村公路养护管理模式、农村公路日常养护、农村公路养护工程、农村公路预防性养护、浙江省农村公路四新技术养护应用实例等。

本书可供农村公路建设与养护人员参考。

图书在版编目(CIP)数据

农村公路建设与养护实用指南 / 涂荣辉主编. — 北京：人民交通出版社股份有限公司，2021.10

ISBN 978-7-114-17563-3

Ⅰ.①农… Ⅱ.①涂… Ⅲ.①农村道路—公路养护—指南②农村道路—公路管理—指南 Ⅳ.①U418-62

中国版本图书馆CIP数据核字(2021)第161389号

Nongcun Gonglu Jianshe yu Yanghu Shiyong Zhinan

书　　名：	农村公路建设与养护实用指南
著 作 者：	涂荣辉
责任编辑：	刘永超　石　遥
责任校对：	孙国靖　龙　雪
责任印制：	张　凯
出版发行：	人民交通出版社股份有限公司
地　　址：	(100011)北京市朝阳区安定门外外馆斜街3号
网　　址：	http://www.ccpcl.com.cn
销售电话：	(010)59757973
总 经 销：	人民交通出版社股份有限公司发行部
经　　销：	各地新华书店
印　　刷：	北京市密东印刷有限公司
开　　本：	880×1230　1/16
印　　张：	10.5
字　　数：	277千
版　　次：	2021年10月　第1版
印　　次：	2021年10月　第1次印刷
书　　号：	ISBN 978-7-114-17563-3
定　　价：	60.00元

(有印刷、装订质量问题的图书，由本公司负责调换)

《农村公路建设与养护实用指南》
编写委员会

主　　编：涂荣辉

编写人员：姚通报　郑　赟　刘　学　罗建梅　杨建根　杜卫卫

　　　　　诸剑峰　王远锦　张悍英　强家宽

编写单位：浙江省交通工程管理中心

　　　　　桐乡市交通运输局

　　　　　浙江省交工集团有限公司

前　言

农村公路是服务"三农"发展的先导性、基础性设施,是全面推进乡村振兴和实现共同富裕的必要保障。党的十八大以来,习近平总书记亲自谋划、亲自推动"四好农村路"建设,先后多次就农村公路发展作出重要指示批示,为农村公路发展提供了根本遵循和行动指南。

2003 年,交通运输部提出"修好农村路,服务城镇化,让农民走上油路和水泥路"的总目标,根据部署,浙江省实施"乡村康庄工程",开始了大规模农村公路建设,于 2011 年实现农村公路"村村通"。党的十八大以来,浙江省深入实施乡村振兴战略,高水平建设"四好农村路"和"千项百亿"工程。目前,浙江省农村公路建管养运长效机制基本建立,路网结构日趋完善,农村公路建设与养护管理取得了明显成效。当前,浙江省农村公路建设养护管理正从注重连通向提升质量水平和安全保障能力转变,从建设为主向建管养运协调发展转变。但是,农村公路技术等级、网络覆盖广度与通达深度有待提高,地区间发展不平衡、不协调问题仍然突出,安全保障水平还有待提高,农村公路建设和养护管理力量仍然比较薄弱,建设和养护管理的理论指导体系仍不健全,这些问题在一定程度上制约了农村公路高质量发展。

本书介绍了农村公路建设与养护管理基本知识,分析了农村公路常见质量通病、安全隐患的形成原因及防治措施,总结了农村公路建设特色做法及农村公路养护工程四新技术应用,为农村公路建设养护管理提供了理论指导和决策依据。本书可以作为农村公路建设和养护管理专业培训教材,也可作为建设管理者案头必备的业务指南。

本书在编写过程中得到了浙江省交通运输厅、浙江省交通工程管理中心、桐乡市交通管理部门和桐乡市高桥镇人民政府等单位领导、同事的大力支持,在此一并表示感谢!

由于时间紧迫及业务水平有限,本书遗漏和错误之处难免,敬请读者提出宝贵意见,以便修改完善。

编写组
2021 年 10 月

目 录

第一篇　建设管理篇

第 1 章　农村公路建设管理模式 3
1.1　农村公路建设管理 3
1.2　农村公路规划管理 3
1.3　农村公路建设资金 4

第 2 章　农村公路建设管理基本制度 5
2.1　项目法人责任制 5
2.2　招标投标制 5
2.3　工程监理制 5
2.4　合同管理制 6

第 3 章　农村公路建设程序 7
3.1　项目可行性研究(含项目建议书) 7
3.2　土地报批、征用及政策处理 7
3.3　环境影响评价审查 8
3.4　水土保持方案审查 8
3.5　初步设计审查 8
3.6　建设资金筹措与管理 9
3.7　施工图设计审查 9
3.8　年度计划编制程序 10
3.9　招标投标 10
3.10　质量、安全生产监督 11
3.11　施工许可(开工报告) 11
3.12　竣(交)工验收 12
3.13　养管交接 16

第 4 章　农村公路设计要点 17
4.1　农村公路设计总则 17
4.2　农村公路路线设计要点 19
4.3　农村公路路基路面设计要点 19
4.4　农村公路结构工程设计要点 21
4.5　农村公路路线交叉工程设计要点 22
4.6　农村公路交通工程及沿线设施设计要点 24

第 5 章　浙江省农村公路建设管理实例 28
5.1　桐乡农村公路建设管理模式 28

5.2 松阳农村公路建设管理模式 ·· 29

第二篇 质量安全管理篇

第6章 工程质量安全管理体制 ·· 33
第7章 工程质量安全监督管理 ·· 34
    7.1 质量安全监督程序及内容 ·· 34
    7.2 质量安全监督备案 ·· 36
第8章 农村公路施工质量控制 ·· 38
    8.1 农村公路常用质量控制方法 ·· 38
    8.2 农村公路实体质量控制要点 ·· 38
第9章 农村公路施工安全生产控制 ·· 46
    9.1 施工安全技术措施 ·· 46
    9.2 施工安全控制要点 ·· 46
    9.3 施工安全专项方案 ·· 54
    9.4 应急救援预案 ·· 58
第10章 常见质量通病及防治措施 ·· 60
    10.1 工程质量管理通病及防治措施 ·· 60
    10.2 实体质量通病及防治措施 ·· 62
    10.3 施工工艺通病及防治措施 ·· 83
第11章 常见安全隐患及防治措施 ·· 90
    11.1 隐患排查与治理 ··· 90
    11.2 安全隐患 ··· 90
    11.3 防治措施 ··· 102

第三篇 养护管理篇

第12章 农村公路养护概述 ·· 107
    12.1 日常养护 ··· 107
    12.2 养护工程 ··· 107
    12.3 预防性养护 ··· 108
第13章 农村公路养护管理模式 ·· 110
    13.1 农村公路养护体制 ·· 110
    13.2 农村公路养护资金 ·· 111
第14章 农村公路日常养护 ·· 112
    14.1 一般要求 ··· 112
    14.2 路基日常养护 ·· 113
    14.3 路面日常养护 ·· 115
    14.4 桥涵日常养护的内容和要求 ·· 118

14.5	隧道日常养护的内容和要求	120
14.6	绿化日常养护的内容和要求	121
14.7	交通安全设施日常养护的内容和要求	122

第15章 农村公路养护工程 125
    15.1 路基养护工程的内容和要求 125
    15.2 路面养护工程的内容和要求 127
    15.3 桥涵养护工程的内容和要求 132
    15.4 隧道养护工程的内容和要求 142

第16章 农村公路预防性养护 145
    16.1 预防性养护计划管理 145
    16.2 预防性养护措施 146

第17章 浙江省农村公路四新技术养护应用实例 149
    17.1 泡沫沥青厂拌冷再生技术应用 149
    17.2 水泥稳定碎石基层就地冷再生技术应用 151
    17.3 乳化沥青就地冷再生技术应用 153

# 第一篇　建设管理篇

第1章 农村公路建设管理模式

1.1 农村公路建设管理

农村公路建设管理是指交通运输部门在农村新建、增设公路基础设施的环节进行管控,主要指由政府出资在农村地区新建县、乡、村公路或在县、乡、村公路上增设新设施并保证其顺利进行的活动。

交通运输部主管全国农村公路的建设管理工作。省级和地市级交通运输主管部门主管本行政区域内农村公路的建设管理工作。县级交通运输主管部门负责本行政区域内县道建设的组织和管理工作,指导和监督乡道、村道建设的组织和管理工作,具体职责由县级人民政府结合本地区实际确定。

县级人民政府应当按照国务院、省级人民政府有关规定履行本行政区域内农村公路建设的主体责任,建立健全农村公路建设管理体系,组织编制和实施农村公路建设规划及其项目库,完善建设资金财政预算保障机制,扶持和促进农村公路发展。乡级人民政府在县级人民政府确定的职责范围内,负责乡道、村道建设的组织和管理工作,具体职责由县级人民政府结合本地区实际确定。村民委员会在乡级人民政府确定的职责范围内,可按照村民自愿、民主决策的原则,通过一事一议等方式组织村道建设。

农村公路建设项目按照规模、功能、技术复杂程度等因素,分为重要农村公路建设项目和一般农村公路建设项目。重要农村公路建设项目按照国家规定的程序组织建设,一般农村公路建设项目可适当简化建设程序。重要农村公路建设项目和一般农村公路建设项目的具体划分标准,以及简化建设程序的具体内容,由省级交通运输主管部门会同有关部门根据相关法律、法规,结合本地区实际情况确定。

1.2 农村公路规划管理

农村公路建设规划应当坚持因地制宜、以人为本的原则,统筹考虑国民经济社会发展规划、城乡规划、土地利用总体规划、乡村振兴规划、旅游发展规划等因素,与优化村镇布局、农村经济发展和广大农民安全便捷出行相适应,综合考虑"路、站、运"一体化,与国道、省道以及其他交通运输方式的发展规划相衔接,形成比例适当、有效衔接、布局合理的农村公路网络。根据农村公路建设规划、资金规模等因素,编制农村公路建设规划项目库。

县道建设规划及其项目库由县级交通运输主管部门会同同级有关部门编制,经县级人民政府审定后,报上级人民政府批准。乡道、村道建设规划及其项目库由县级交通运输主管部门会同同级有关部门协助乡级人民政府编制,报县级人民政府批准。

经批准的农村公路建设规划及其项目库,报批准机关的上一级交通运输主管部门备案,由交通运输部给予投资支持的农村公路建设项目,按有关规定报部备案。农村公路建设规划项目库实行动态管理,可根据需要定期调整。项目库调整应报原审批部门批准,并报上一级交通运输主管部门备案。各级项目库数据应当保持一致。纳入农村公路建设规划项目库的一般农村公路建设项目视同已批准立项。

县级以上交通运输主管部门应当根据部省农村公路计划管理相关规定,结合农村公路规划项目库,统筹考虑财政投入、年度建设重点等因素,会同有关部门编制本级农村公路建设项目年度计划。未纳入农村公路建设规划项目库的建设项目,不得列入年度计划。

农村公路建设项目年度计划编制及审批程序由省级交通运输主管部门根据本区域实际情况,参照交通运输部有关规定细化制定。

1.3 农村公路建设资金

农村公路建设资金应当按照国家相关规定,列入各级政府财政预算。农村公路建设应当逐步建立健全以公共财政分级投入为主、多渠道筹措为辅的资金筹措机制。

鼓励农村公路沿线受益单位捐助农村公路建设,鼓励利用冠名权、路边资源开发权、绿化权等方式筹集社会资金投资农村公路建设,鼓励企业和个人捐款用于农村公路建设,鼓励涉农资金、银行贷款、政府和社会资本合作等支持农村公路建设,鼓励推行"以奖代补""以工代赈""一事一议"等筹资模式。

农村公路建设不得增加农民负担,不得损害农民利益,不得采用强制手段向单位和个人集资,不得强行让农民出工、备料。确需农民出资、投入劳动力的,应当由村民委员会征得农民同意。

严格执行国家对农村公路补助资金使用的有关规定,中央政府对农村公路建设的补助资金应当全部用于农村公路建设工程项目建筑安装工程费支出,不得从中提取咨询、审查、管理等费用,不得作为建设项目的质量保证金。已下达建设计划项目的补助资金可以采用"先建后补"方式自筹资金先行组织建设,待财政资金到位后拨付资金垫付单位。

除中央政府对农村公路建设的补助资金以外,农村公路建设所需的其他资金应当纳入地方政府财政预算,并及时支付。各级地方交通运输主管部门应当依据职责,建立健全农村公路建设资金管理制度,加强对资金使用情况的监管。农村公路建设资金使用应当接受审计、财政和上级财务部门审计检查。任何单位、组织和个人不得截留、挤占、挪用农村公路建设工程项目资金。

第2章 农村公路建设管理基本制度

近年来农村公路建设进入快速发展期,按照建立社会主义市场经济体制的要求和依法治国的基本方针,农村公路建设已向市场经济体制方向转变,其核心是建立了项目建设四项制度,即项目法人责任制、招标投标制、工程监理制、合同管理制。

2.1 项目法人责任制

项目法人责任制,是指工程建设首先要形成一套由项目法人担负相应责任的制度并坚定不移地付诸实施。任何工程建设都必须有明确的项目法人,而且应当担负起规定的工作责任。凡列入国家和地方基本建设计划的公路建设项目必须实行项目法人责任制度,由项目法人对建设项目负总责。项目法人不尽职尽责要受到检查和处理,如有违法违规行为还将视情节和问题严重程度依法受到追究,从而达到项目法人责任制来约束、规范项目法人的市场行为。

公路建设项目法人分为经营性公路建设项目法人和公益性公路建设项目法人。依法投资建设经营性公路项目的国内外经济组织为经营性公路建设项目法人。非经营性公路建设项目法人为公益性公路建设项目法人。

2.2 招标投标制

农村公路实行招标投标制就是按照《中华人民共和国招标投标法》及相关部委、地方对招标投标的规定和标准,对农村公路建设项目的勘察、设计、施工、监理以及货物采购等法律、法规规定必须进行招标的项目公开实行招标投标来确定中标人的一种制度。一般有招标、投标、开标、评标、定标,最后签订合同这些基本程序,整个招标过程要保证公开、公平、公正,既要维护招标人的利益,也要保证对投标人的公平、公正。

交通运输主管部门通过市场准入和动态监管,维护统一开放、竞争有序的建设市场;通过建立网站,公布建设从业单位的基本情况、市场信誉等方面的信息,为项目法人和其他相关单位提供信息服务,解决招标投标中弄虚作假问题,提高评标工作质量。工程项目通过竞争性招标,择优选择单位,既降低了工程造价,又保证了工程质量和减少工期,也促使相关企业在市场竞争中不断发展壮大,从而形成一种良性循环。

2.3 工程监理制

公路建设项目必须实行工程监理制度。公路建设项目工程监理是由具有公路工程监理资格的监理单位,按国家有关规定受项目法人委托对施工承包合同的执行、工程质量、进度、费用等方面进行监督与管理。

从事公路建设项目的工程监理单位,必须符合公路建设市场准入条件。监理单位必须根据监理服务合同,建立相应的现场监理机构,健全工程监理质量保证体系,配备足够的、合格的人员和设备,确保对工程进行有效监控。

现阶段,考虑到农村公路比较分散、项目比较小,农村公路项目监理招标建议采用打包方式。打包方式可为相邻或性质相近项目打包,或者集中时间段的全部项目打包。

2.4 合同管理制

公路建设项目的勘察设计、施工、监理以及与工程建设有关的重要设备、材料的采购,必须遵循诚实信用的原则,依法签订合同。公路建设项目合同包括勘察设计合同、施工合同、监理服务合同、设备材料采购合同等。

公路建设项目合同必须明确双方的权利和义务,按照法定程序和有关要求,由签约双方的法定代表人或其授权代表签订。公路建设项目合同应采用交通运输主管部门颁布的有关合同范本,并可邀请公证机关公证。

公路建设项目合同必须符合国家和交通运输部制定的有关技术标准、规范、规程以及批准的设计文件,科学、合理地确定勘察设计周期、施工工期和供货安装期限。

勘察设计合同内容应包括提交有关基础资料和设计文件的期限、质量要求、费用支付等条款。施工合同内容包括工程范围、建设工期、合同价、合同条款、技术规范、图纸等。施工单位对施工的工程质量、进度和安全负责。监理服务合同内容应包括监理现场组织机构、监理工程师资格、主要检测设备的配备要求、质量责任、费用支付等条款。设备材料采购合同内容主要包括供货品种、交货期限、设备安装要求、质量标准、验收方法、费用支付等条款。

合同内容变更应依据合同约定办理。对超出合同约定范围的变更,合同双方可进行协商,签订补充协议或修改合同,但不得对合同内容作实质性的更改,也不得订立背离合同实质性内容的其他协议,更不能擅自终止或解除合同。合同双方在执行合同过程中发生争议的,可以和解或请第三方进行调解,也可以依法仲裁或向人民法院提起诉讼。

第3章 农村公路建设程序

交通建设项目从项目立项批复,到工程项目开工建设,直到完成竣工验收,必须按照国家、交通运输部等相关规定,依照一定的程序进行报批、建设和验收。其内容包括:项目建议书、工程可行性研究、土地报批、土地征用及政策处理、环境影响评价、水土保持评价、初步设计、施工图设计、招标投标(含材料采购)组织、施工许可(开工报告)、交工验收、竣工验收等法律、法规规定的程序。

3.1 项目可行性研究(含项目建议书)

交通建设项目可行性研究是对建设项目的必要性、技术可行性、经济合理性和实施可能性进行综合性研究论证的工作,是前期工作的重要组成部分,是建设项目立项、决策的主要依据。

编制工程可行性研究报告,应以批准的项目建议书为依据。工程可行性研究要求进行充分的调查研究,通过必要的测量和地质勘探,对不同建设方案从技术、经济、环境等方面进行综合论证提出推荐方案,确定建设规模、技术标准和投资估算,论证投资效益,编制研究报告。工程可行性研究报告一经批准,即为初步设计必须遵循的依据。

交通建设项目可行性研究报告的主要内容应该包括:项目影响区域社会经济、交通运输现状及发展,交通量预测,建设的必要性,建设规模及技术标准,建设条件,工程环境影响分析,路线方案及工程情况,方案选定,投资估算及资金筹措,经济评价和敏感性分析,节能分析和实施安排等。

交通建设项目建设单位必须按照交通运输部关于交通建设项目建设前期工作资质管理的有关规定,委托持有与所承担工程等级相应资质证书的工程勘察设计咨询单位编制可行性研究报告。

根据相关规定,农村公路建设项目基本由县乡级人民政府主导投资,实行审批制。可行性研究报告编制完成后,报发改部门审批立项。

3.2 土地报批、征用及政策处理

办理土地征用是发生在国家和农民集体之间的土地所有权转移,是指国家为了社会公共利益的需要,按照法律规定的批准权限和程序批准,并给农民集体和个人补偿后,将农民集体所有土地转变为国家所有。在土地征用及政策处理中,要坚持合理利用土地和切实保护耕地的原则,坚持妥善安置被征地单位和农民的原则,坚持谁使用土地谁补偿的原则。特别要注意保护农民利益,维护社会安定团结和保护国家十分有限的耕地资源。

交通建设项目必须按规定办理征地手续,具体内容如下:

(1)建设单位持国务院主管部门或者县级以上人民政府按照国家基本建设程序批准的设计任务书或其他批准文件,向所在地的县级土地管理部门申请选址。

(2)在选定建设地址和建设项目的初步设计经批准后,建设用地单位持有关批准文件和总平面图、地形图,向所在地的县级土地管理部门正式申报建设用地,在土地管理部门主持下,由用地单位与被征地单位签订征地补偿安置协议,并按照审批权限报县级以上人民政府审批。

(3)征地申请批准后,由所在地的县级土地管理部门根据建设进度一次或分期划拨土地。交通建设项目建设单位应按照有关土地管理办法做好土地报批工作。

另外,浙江省对农村公路与农村道路建设用地分别做了如下规定:

(1)科学界定农村道路,严格控制用地范围。根据《国土资源部办公厅关于进一步规范农村道路地类认定工作的通知》(国土资厅函〔2013〕581号)有关要求,在农村范围内,用于村间、田间交通运输,并在国家公路网络体系之外,以服务于农村农业生产为主要用途的道路(含机耕道),界定为农村道路。城镇、村庄内部公用道路(含立交桥)及行道树的用地,不属于农村道路。农村道路范围之外的公路改造提升建设占用农用地,必须纳入建设用地管理。

(2)科学制订农村道路改造提升方案,集约节约用地。各地要根据城乡统筹发展和农业农村发展的实际需要,科学制订农村道路改造提升方案,合理确定道路的宽度,集约节约利用土地。农村道路路面宽度原则上不得超过6m,或路基宽度原则上不得超过6.5m。对于农村经济发展迅速、交通流量大、存在安全隐患的农村道路,可适当增加安全防护空间,确保交通安全,路基增加的宽度不得超过1.5m。为确保农村村民和学生上下车安全,需要在建制村和学校附近设置港湾式停靠站的,停靠站宽度不超过2.5m。

(3)严格农村道路改造提升建设项目审批把关,加强用地监管。改造提升后的农村道路,其用地性质仍为农用地,今后如转为城镇、村庄内部公用道路或纳入国家公路网络体系的,需按规定办理农用地转用审批。农村道路改造提升建设项目要严格按照建设项目的审批程序由县级及以上有关部门审批,国土资源部门对农村道路的认定和改造提升建设项目的使用土地情况要严格把关,严禁弄虚作假、虚报瞒报。未经审批或者超出农村道路认定标准和范围的公路改造提升建设项目,一律不得开工建设。县级国土资源部门和乡级人民政府要通过工程监管、动态巡查等有效措施,加强对农村道路改造提升建设项目的动态监管,杜绝违法用地行为的发生。

3.3 环境影响评价审查

根据国家环境保护法以及《交通建设项目环境保护管理办法》等法律、法规要求,建设单位委托具有相应资质的设计单位按要求编制完成环境影响评价报告书(或登记表),根据工程项目分级管理的原则上报相应的环境保护行政主管部门进行批复。环境影响评价必须在初步设计完成前报批。

3.4 水土保持方案审查

根据国家水土保持法及交通运输部有关规定,建设单位委托具有相应资质的设计单位按要求编制完成工程项目水土保持方案,根据工程项目分级管理的原则上报相应的水行政主管部门进行批复。水土保持方案必须在初步设计完成前报批。

3.5 初步设计审查

交通建设项目可行性研究报告批复以后,建设单位(项目法人)委托具有相应资质的设计单位按要求编制完成初步设计,并经具有相应资质的设计或咨询单位预审。建设单位将修改后的初步设计文件和预审意见报投资综合管理部门。投资综合管理部门委托符合资质的工程咨询机构进行评估,并征询财政、交通运输主管部门意见后批准。

按照《农村公路建设管理办法》的规定,二级以上的公路或中型以上的桥梁项目应当分初步设计和施工图设计两个阶段进行,其他农村公路项目可以直接采用施工图一阶段设计。

3.6 建设资金筹措与管理

农村公路建设资金应当按照国家有关规定,列入地方人民政府的财政预算。农村公路建设逐步实行政府投资为主、农村社区为辅、社会各界共同参与的多渠道筹资机制。

鼓励农村公路沿线受益单位捐助农村公路建设;鼓励利用冠名权、路边资源开发权、绿化权等方式筹集社会资金投资农村公路建设;鼓励企业和个人捐款用于农村公路建设。

上级政府对农村公路建设的补助资金应当全部用于农村公路建设工程项目,并严格执行国家对农村公路补助资金使用的有关规定,不得从中提取咨询、审查、管理等费用。补助资金可以采用以奖代补的办法支付或者先预拨一部分,待工程验收合格后再全部支付。

农村公路建设资金使用应当接受审计、财政和上级财务部门审计检查。各级交通运输主管部门应当依据职责,建立健全农村公路建设资金管理制度,加强对资金使用情况的监管。任何单位、组织和个人不得截留、挤占和挪用农村公路建设资金。

3.7 施工图设计审查

交通建设项目初步设计批复以后,建设单位(项目法人)应委托具有相应资质的设计单位按要求编制完成施工图设计文件,并经具有相应资质的设计或咨询单位预审之后,建设单位(项目法人)组织有关单位及邀请专家对施工图设计文件进行审查,形成审查意见。

3.7.1 施工图设计审查原则

施工图设计审查应遵循科学、客观、公正的原则,通过必要的现场踏勘,与设计人员和业主沟通,对全套施工图文件进行全面、系统的审查,提出明确的审查意见和优化建议方案。审查重点是法规符合性、结构安全性、实施可操作性及经济合理性。

3.7.2 农村公路施工图设计审查制度

农村公路施工图设计审查建议实行"双审制"。建设单位(项目法人)在委托具有相应资质的设计单位按要求编制完成施工图设计文件之后,即先由交通运输主管部门认可的具有相应资质的审查单位进行初审并提交书面初审报告,再由建设单位组织有关专家进行会议审查,并形成专家审查意见。根据初审报告和专家审查意见修改完善的施工图设计文件,在报批前应由交通运输主管部门指定的单位进行核查,并提交书面核查意见书供交通运输主管部门决策。如确有必要,交通运输主管部门也可确定相应资质的单位做进一步复核。

3.7.3 施工图设计审查内容

施工图设计审查分为符合性审查和技术性审查。

(1)符合性审查的主要内容包括:是否按照规定实行了勘察设计招投标,设计合同是否有效;设计单位承担的工程是否在其资质等级和业务许可范围内;设计文件是否齐全;设计文件的有效签署是否符合规定;设计内容是否满足项目选址、环境影响评估、水土保持、用地预审等专题报告内容及批复(或审查意见)的要求;设计方案是否满足抗风、抗震、防撞和相关安全评估等专题报告要求。凡是不符合上述要求的设计文件,审查单位应及时告知业主或设计单位补充完善。

(2)技术性审查的主要要求包括:审查设计文件深度及内容是否符合《公路工程基本建设项目设计文件编制办法》规定;审查勘察设计文件是否执行《工程建设标准强制性条文》及各项技术规范;审查工程详勘报告是否达到规范要求的内容和深度,定测详勘外业是否通过验收,基础资料是否全面、可信,能否满足设计要求;桥梁等主要结构物的计算是否符合规范规定,计算结果是否满足耐久性和安全性要求,特殊结构应采用与设计不同的计算软件进行验算;工程实施方案是否最大限度保护社会公众利益。

3.7.4 施工图审查应提交的资料

施工图审查应提交的资料包括:勘察设计招投标备案文件、测设合同、主管部门批准的"初设批复"文件;完整的工程定测、详勘报告、事先指导书、外业验收报告等相关基础资料;全套施工图设计文件(含主要结构原始数据及计算书,并注明计算软件的名称和版本);项目选址、土地预审、环境影响评价和水土保持专题报告及其批复文件;(若有)相关部门或单位的协调意见、协议书及其他审查所需的资料。

3.8 年度计划编制程序

交通建设项目必须列入年度计划,方能开工建设,部分应急抢险除外。交通建设项目年度计划根据交通建设五年规划所确定的建设目标、建设要求,结合计划年度内的具体情况编制。为确保建设计划的连续性,在编制年度计划时,除了要遵循五年规划外,还要充分考虑国内外经济形势的变化和上年度计划执行过程中存在的问题,搞好综合平衡,并为下一年度的计划安排打好基础。

农村公路建设年度计划由交通运输主管部门会同公路管理机构、道路运输管理机构及乡镇(街道)政府编制建议计划,报有关部门批准后下发执行。年度建议计划编制工作一般始于上一年度第三季度,具体步骤和时间安排如下:

(1)每年9月前后,交通运输主管部门正式发文通知各乡镇(街道)编报下一年度投资建议计划,包括农村桥梁改造、公路提升改造、乡村公路大中修、农村站场及候车亭等建设项目。

(2)交通运输主管部门有关科室根据规划、项目建设进度、项目前期工作进展情况、年度可安排资金总量,经综合平衡,分别编制各单项建议计划。

(3)交通运输主管部门与财政预算部门、发改部门衔接,与乡镇(街道)交换下一年度安排意见,调整完善建议计划,形成最终年度建议投资计划。

(4)建议计划经发改部门批复后,交通运输主管部门与财政部门联合下达年度预算计划,各建设单位按照发改部门批复付诸实施。

3.9 招标投标

农村公路项目的招标投标一般包含项目勘测设计、施工、监理等的招标投标。招标投标工作应在相应交通运输主管部门监督之下,由建设单位(招标人)自行组织(具备自行招标条件)或委托有资质的招标代理机构进行招标投标。

根据招标投标相关法律、法规的要求,招标程序一般按以下次序办理:

(1)招标人确定招标方式(公开招标或邀请招标)。

公路建设项目应实行公开招标。不宜公开招标的项目,经发展计划部批准,方可进行邀请招标。

公路建设项目除涉及国家安全、国家机密、抢险救灾或利用扶贫资金实行以工代赈、民工建勤、民办公助的项目不适宜招标外,达到下列规模标准之一的,必须进行招标:建设项目总投资额在3000万元人民币以上的;工程单项合同估算价在200万元人民币以上的;重要设备、材料等货物的采购,单项合同估算价在100万元人民币以上的;勘察、设计、监理等服务的采购,单项合同估算价在50万元人民币以上的。

(2)招标人自行编制或委托有资质的招标代理机构组织编制招标文件,并报有关交通运输主管部门备案。

项目法人作为招标人,具备编制招标文件和组织评标能力的,可自行办理招标事宜;不具备上述条件的,需委托符合市场准入条件的招标代理机构办理招标事宜。

农村公路建设项目招标文件应按照交通运输部或省级交通运输主管部门颁布的相关招标文件范本并结合项目特点编制。

(3)招标人在指定的信息网上发布招标公告。

招标人应在发布公告前,将招标文件向有关交通运输主管部门备案。采用邀请招标方式的,经批准后招标人可直接发出投标邀请,并发售招标文件。

(4)招标人组织投标人勘察工程现场,召开标前会议(可根据工程情况,考虑是否必要)。

(5)招标人接受投标人的投标文件,公开开标。

(6)招标人依法组建评标委员会评标,推荐中标候选人,并进行公示。中标候选人公示不得少于3日。

(7)招标人确定中标人,报有关交通运输主管部门核准,发出中标通知书。

依法必须招标的项目,招标人应依据评标委员会提交的书面评标报告和推荐的中标候选人确定中标人,并在15日之内按项目管理权限报交通运输主管部门核备。

(8)招标人与中标人签订施工合同(含补充协议)、廉政合同、工程质量责任合同和安全生产合同等。

招标人和中标人应当自中标通知书发出之日起30日内,根据招标文件和中标人的投标文件订立书面合同。

3.10 质量、安全生产监督

农村公路质量、安全生产监督由县级交通工程质量安全监督机构负责。

3.11 施工许可(开工报告)

3.11.1 交通建设项目施工许可办理条件

交通建设项目依法实行施工许可(开工报告)制度,施工许可(开工)根据项目投资规模、重要程度等实行分级管理制度。国家和交通运输部确定的重点建设项目的施工许可由交通运输部实施,其他高速公路(含连接线)、国省道新(改)建项目、"四自"公路工程、沿海万吨级码头、省级骨干航道、"四自"航道和总投资在5000万元以上(含)的新(改)建水运工程的施工许可可由省级交通运输主管部门或委托所在地市级交通运输主管部门实施,其他公路、水运建设项目的施工许可由县级交通运输主管部门实施。交通项目施工许可(开工报告)应当具备以下条件方可办理:

(1)项目已列入基本建设年度计划;
(2)施工图设计文件已经完成并经审批同意;
(3)建设资金已经落实,并经交通运输主管部门审计;
(4)征地手续已办理,拆迁基本完成;
(5)施工、监理单位已依法确定;
(6)已办理质量监督手续,已落实保证质量和安全的措施。

3.11.2 交通建设项目施工许可办理所需资料

建设单位(项目法人)应在项目开工前准备以下资料,根据项目管理权限到相应的交通运输主管部门报批:

(1)施工图设计文件批复;

(2)交通运输主管部门对建设资金落实情况的审计意见;
(3)国土资源部门关于征地的批复或者控制性用地的批复;
(4)建设项目各合同段的施工单位和监理单位名称、合同价情况;
(5)应当报备的资格预审报告、招标文件和评标报告;
(6)已办理的质量监督手续材料;
(7)保证工程质量和安全措施的材料。

3.12 竣(交)工验收

公路工程验收是工程项目建设的最后一个工作阶段,工程完工后检查合同执行情况,评价工程质量是否依技术标准满足通车要求,是对工程成果、工程质量、参建单位和建设项目进行综合评价的一项重要工作。新建和改建的公路项目必须依据《公路工程竣(交)工验收办法实施细则》的要求(浙交〔2013〕22号)进行,公路大中修工程参照执行。

3.12.1 公路工程验收阶段

公路工程验收分为交工验收和竣工验收两个阶段。

交工验收阶段主要工作是检查施工合同的执行情况,评价工程质量,对各参建单位工作进行初步评价。

竣工验收阶段主要工作是对工程质量、参建单位和建设项目进行综合评价,并对工程建设项目作出整体性综合评价。

3.12.2 公路工程竣(交)工验收依据

公路工程竣(交)工验收的依据:
(1)批准的项目建议书、工程可行性研究报告;
(2)批准的工程初步设计、施工图设计及设计变更文件;
(3)施工许可;
(4)招标文件及合同文本;
(5)行政主管部门的有关批复文件;
(6)公路工程技术标准、规范、规程及国家、省级有关部门的相关规定。

3.12.3 公路工程竣(交)工验收的组织

公路工程竣(交)工验收工作由项目法人负责组织,验收委员会综合评价,各相关单位共同参与,交通运输主管部门分级负责监督备案。验收委员会和各相关单位应根据各自职责共同把好验收关,并承担相应的责任。

3.12.4 一次性竣(交)工验收条件

三级公路及以下或总投资在5000万元及以下的公路工程,经相应交通运输主管部门同意,项目法人可将交工验收和竣工验收合并,组织一次性竣工验收。

3.12.5 交工验收工作的开展条件

交工验收工作一般按合同段进行,并应具备以下条件:
(1)合同约定的各项内容已全部完成,各方就合同变更的内容已达成书面一致意见。
(2)施工单位按公路工程质量检验评定标准对工程质量自检合格。

(3)监理单位按公路工程质量检验评定标准对工程质量评定合格。

(4)项目法人按质量评定操作办法,对工程交工质量评定合格,并出具工程交工质量评定报告;已按规定对施工、监理单位的安全生产情况进行评价。

(5)质量监督机构已受理项目法人的质量备案,并向交通运输主管部门提交交工质量监督情况报告。

(6)竣工文件按交通运输部《公路建设项目文件材料立卷归档管理办法》等有关规定,完成《公路工程项目文件归档范围》第三、四、五部分(不含缺陷责任期资料)内容的收集、整理及归档工作。在交工验收前,项目监理单位已向项目法人提交项目档案质量审核意见。

(7)施工单位、监理单位已完成本合同段的工作总结报告。

(8)项目法人已按照有关要求落实项目接管养单位。

3.12.6 交工验收程序

(1)施工单位完成合同约定的全部工程内容,且经施工自检和监理检验评定均合格后,提出合同段交工验收申请报监理单位审查。交工验收申请应附自检评定资料和施工总结报告。

(2)监理单位根据工程实际情况、抽检资料以及对合同段工程质量评定结果,对施工单位交工验收申请及其所附资料进行审查并签署意见。监理单位审查同意后,将申请资料报送项目法人,同时向项目法人提交监理独立抽检资料、质量评定资料和监理工作报告。

(3)项目法人对施工单位的交工验收申请、监理单位的质量评定资料进行核查,并委托有相应资质的检测机构进行交工质量检测,并对交工质量进行评定,及时将交工质量评定报告报相应的质量监督机构备案。备案后且合同段满足交工验收条件时及时组织交工验收。

(4)对若干合同段完工时间相近的,项目法人可合并组织交工验收。对分段通车的项目,项目法人可按合同约定分段组织交工验收。

(5)通过交工验收的合同段,项目法人及时颁发公路工程交工验收证书。

(6)各合同段全部验收合格后,项目法人及时完成公路工程交工验收报告。

(7)项目法人在公路工程交工验收合格后将工程验收报告报交通运输主管部门备案。交通运输主管部门在收到验收报告后10日内未对备案的项目交工验收报告提出异议,项目法人可开放交通进入试运营期,试运营期不超过3年。

3.12.7 交工验收的主要工作内容

(1)检查合同执行情况。

(2)检查施工自检报告、施工总结报告及施工资料。

(3)检查监理单位独立抽检资料、监理工作报告及质量评定资料。

(4)检查工程实体,审查有关资料,包括主要产品的质量抽(检)测报告。

(5)核查工程完工数量是否与批准的设计文件相符,是否与工程计量数量一致。

(6)对合同是否全面执行、工程质量是否合格作出结论。

(7)按合同段分别对设计、监理、施工等单位进行初步评价。

3.12.8 交工验收参与单位

交工验收由项目法人负责组织,各合同段的设计、施工、监理等单位参加。路基工程作为单独合同段进行交工验收时,应邀请路面施工单位参加。拟交付使用的工程,应根据有关规定邀请交通运输主管部门、公路管理机构、质量监督机构、公安机关、安全监管、运营、养护管理等相关单位参加交工验收。

交工验收不合格的工程应返工整改,直至合格。交工验收提出的工程质量缺陷等遗留问题,由项目法人责成施工单位限期完成整改。

3.12.9　工程试运营

对通过交工验收并完成备案的工程,试运营期间应及时安排养护运营管理。项目法人违反有关规定,对未进行交工验收、交工验收不合格或未备案的工程开放交通进行试运营的,由交通运输主管部门责令改正。

3.12.10　公路工程竣工验收条件

公路工程竣工验收应具备以下条件:

(1)通车试运营2年以上(三级公路及以下或总投资在5000万元及以下的公路工程,可一次进行)。

(2)交工验收提出的工程质量缺陷等遗留问题已全部处理完毕,并经项目法人验收合格。

(3)工程决算编制完成,竣工决算已经审计,并经交通运输主管部门或其授权单位认定。

(4)竣工文件已按照《公路建设项目文件材料立卷归档管理办法》,根据项目档案组卷要求,经系统整理并归档。

(5)档案、环保、水保等单项验收合格,土地使用手续已办理。

(6)各参建单位已完成工作总结报告。

(7)项目法人对工程竣工质量评定合格及以上,完成工程竣工质量评定报告,并已向相应的质量监督机构备案。

(8)质量监督机构已对工程实体质量情况以及内业资料情况进行监督检查,对竣工质量评定备案,并完成竣工质量监督工作报告。

3.12.11　竣工验收准备工作程序

(1)项目法人应在拟实施项目竣工验收前6个月内按照质量管理有关规定开展竣工质量评定工作,完成竣工质量评定报告,并及时向质量监督机构备案。竣(交)工验收合并一次的项目,竣(交)工质量可合并一次评定。

(2)质量监督机构完成工程竣工质量监督工作报告,并审核交工验收时对设计、施工、监理单位的工作质量初步评价结果,一并报送相应的交通运输主管部门。

(3)公路工程基本符合竣工验收条件,且竣工质量评定等级为合格及以上,其项目法人应按要求及时制订竣工验收组织方案和竣工验收文件资料,于竣工验收前15日内报送相应的交通运输主管部门。

(4)竣工验收方案和文件资料的主要内容包括:交工验收报告及交工验收备案表、竣工验收质量管理备案表。参建单位工作总结报告包括:项目执行报告、设计工作报告、施工总结报告、监理工作报告和接管养单位使用情况报告;项目竣工文件;项目竣工数据表格;项目竣工验收组织方案。

(5)对不符合竣工验收要求的项目,交通运输主管部门有权要求项目法人推迟验收,待完善后再组织竣工验收。

3.12.12　竣工验收主要工作内容

(1)成立竣工验收委员会。

(2)听取公路工程项目执行报告、设计工作报告、施工总结报告、监理工作报告及接管养护单位项目使用情况报告。

(3)听取公路工程竣工质量评定报告。

(4)竣工验收委员会成立专业检查组检查工程实体质量,审阅有关资料,形成书面检查意见。

(5)竣工验收委员会对项目法人建设管理工作进行综合评价。审定经质量监督机构审查的设计、施工、监理单位的工作综合评价结果。

(6)对工程质量进行评分,确定工程质量等级,并综合评价建设项目。

(7)形成并通过公路工程竣工验收报告。

(8)项目竣工验收合格之日起15日内,项目法人将公路工程竣工验收报告报相应的交通运输主管部门备案。

(9)对不符合竣工备案条件、竣工验收结论与实际情况明显不符的项目,相应的交通运输主管部门在受理之日起10日内书面通知项目法人改正后重新报送备案并告知原因。

(10)项目法人在完成备案之日起15日内印发公路工程竣工验收报告。

(11)公路工程竣工验收报告备案后,质量监督机构及时印发公路工程参建单位工作综合评价等级证书。

3.12.13 竣工验收委员会的组成

竣工验收委员会由交通运输主管部门、公路管理机构、质量监督机构、造价管理机构、公安机关、安全监管、项目法人等单位代表和特邀专家组成。国防公路应邀请军队代表参加。

项目法人单位代表可参加竣工验收委员会,但人数不超过两名,不担任竣工验收委员会主任,且不参与项目建设管理综合评价。

竣工验收委员会主任由特邀专家担任。

设计、施工、监理、接管养护等单位代表参加竣工验收工作,但不作为竣工验收委员会成员。

3.12.14 参加竣工验收工作各方的主要职责

竣工验收委员会负责对工程实体质量及建设情况进行全面检查,对工程质量进行评分,对各参建单位及建设项目进行综合评价,确定工程质量和建设项目等级,形成工程竣工验收报告。

项目法人负责提交项目执行报告、竣工质量评定报告及验收工作所需资料,协助竣工验收委员会开展工作。

设计单位负责提交设计工作报告,配合竣工验收工作。

施工单位负责提交施工总结报告,提供相关施工资料,配合竣工验收工作。

监理单位负责提交监理工作报告,提供工程监理和环保监理资料,配合竣工验收工作。

接管养护单位负责提交项目使用情况报告,配合竣工验收工作。

公路建设项目设计、施工、监理、接管养护等有多家单位的,项目法人应组织汇总设计工作报告、施工总结报告、监理工作报告、项目使用情况报告。竣工验收时选派代表向竣工验收委员会汇报。

3.12.15 竣工验收工程质量评分标准

竣工验收工程质量评分采取加权平均法计算,其中交工验收工程质量得分权值为0.2,项目法人对工程竣工质量评定得分权值为0.4,竣工验收委员会对工程质量评分权值为0.4。

对于交工验收和竣工验收合并进行的小型项目,项目法人对工程竣工质量评定得分权值为0.4,监理单位对工程质量评定得分权值为0.1,竣工验收委员会对工程质量的评分权值为0.5。

工程竣工质量评分大于或等于90分为优良,工程竣工质量评分小于90分且大于或等于75分为合格,小于75分为不合格。发生过重大及以上质量、安全事故的建设项目综合评定等级不得评为优良。

3.12.16 参建单位评定

竣工验收委员会对项目法人及设计、施工、监理单位工作进行综合评价。参建单位的评定得分大于或等于90分且其竣工质量等级优良的为好,小于90分且大于或等于75分为中,小于75分为差。本条所指的竣工质量等级,施工单位的为本合同段的竣工质量等级,设计、监理单位的为工程竣工质量等级。

3.12.17 工程竣工验收报告备案

项目法人在公路工程竣工验收合格之日起 15 日内未将工程竣工验收报告报送备案的,交通运输主管部门应根据《建设工程质量管理条例》相关规定予以处罚。项目法人对试运营期超过 3 年的公路工程不组织竣工验收的,由交通运输主管部门责令改正。对责令改正后仍不组织竣工验收的,由交通运输主管部门责令停止试运营,并取消该建设单位及其项目在交通运输系统的评优资格。

3.12.18 验收费用的承担

各合同段交工验收工作所需的费用由施工单位承担,竣工验收工作所需的费用由项目法人承担。

3.13 养管交接

竣工验收时,接管养护单位负责提交项目使用情况报告,配合项目法人的竣工验收工作。

竣工验收通过后,主管部门、监督单位、公路管理单位、项目法人、设计单位、监理单位、施工单位及接管养护单位等,在公路工程交接代表签名表上签字确认。

第4章 农村公路设计要点

农村公路建设应当根据本地区实际情况,坚持安全、经济、适用、环保的理念,合理确定建设标准,原则上不得低于四级公路标准,并符合国家有关标准规范的要求。

对交通量小,受地形、地质等条件和地方政府财政情况的限制,经县级交通运输主管部门提请县级人民政府组织公安、安全监督等相关部门进行审查论证,在确保安全的前提下,局部路段可适当降低指标,但应当配套完善的交通安全、警示、限速等设施。

会车困难路段应当根据地形、地貌和视线需求等,合理设置错车道。农村公路设计应当做好基本农田、水利设施、生态环境和文物古迹的保护。农村公路建设应当按照有关标准设置排水、防护、交通安全等附属设施及管理设施,并与主体工程同时设计、同时施工、同时投入使用。

重要农村公路建设项目按照国家有关规定,分初步设计和施工图设计两个阶段进行;一般农村公路建设项目可以直接或者将多个项目打捆采用施工图一阶段设计。重要农村公路建设项目的勘察设计,应当由具有相应资质的勘察设计单位承担;一般农村公路建设项目的设计,可以由县级交通运输主管部门组织具有工程技术资格的技术人员承担。

农村公路建设项目设计文件应由地市级或县级交通运输主管部门审批,具体审批职责由省级交通运输主管部门确定。农村公路建设项目建设规模、技术标准、路线走向等重要设计变更应报原审批部门批准。

4.1 农村公路设计总则

4.1.1 总则

(1)公路工程建设项目应做好总体设计,使主体工程与交通工程及沿线设施相互协调配套,充分发挥各自功能和项目的整体功能。

(2)公路建设应按地区特点、交通特性、路网结构综合分析来确定公路的功能,根据功能结合交通量、地形条件等选用技术等级和主要技术指标。

(3)公路建设应贯彻保护耕地、节约用地的原则,在确定公路用地范围时应符合下列规定:

①公路用地范围为公路路堤两侧排水沟外缘(无排水沟时为路堤或护坡道坡脚)以外,或路堑坡顶截水沟外边缘(无截水沟为坡顶)以外不小于1m范围内的土地;在有条件的地段,一级公路不小于3m,二级公路不小于2m范围内的土地为公路用地范围。

②在风沙、雪害、滑坡、泥石流等不良地质地带设置防护、整治设施时,以及在膨胀土、盐渍土等特殊土地带采取处治措施时,应根据实际需要确定用地范围。

③桥梁、隧道、互通式立体交叉、分离式立体交叉、平面交叉、安全设施、服务设施、管理设施、绿化以及其他线外工程等用地,应根据实际需要确定用地范围。

(4)公路建设必须执行国家环境保护和资源节约的法律法规,并应符合下列规定:

①公路环境保护应贯彻"保护优先、以防为主、以治为辅、综合治理"的原则。

②公路建设应以自然条件进行绿化、美化路容、保护环境。

③一级、二级公路和有特殊要求的公路建设项目应进行环境影响评价和水土保持方案评价。

④生态环境脆弱地区,或因公路建设可能造成环境近期难以恢复的地带,应进行环境保护设计。

⑤公路改扩建项目应充分利用公路废旧材料,节约工程建设资源。

(5)公路分期修建必须遵照统筹规划、分期实施的原则进行总体设计,前期工程应在后期仍能充分利用。

(6)公路改扩建时,应对改扩建方案和新建方案进行论证比选。采用改扩建方案时,应符合下列规定:

①公路改扩建时机应根据实际服务水平论证确定,一级公路服务水平宜在降低到三级服务水平下限之前,二级、三级公路服务水平宜在降低到四级服务水平下限之前,四级公路可根据实际情况确定。

②利用现有公路局部路段因地形地物限制,当提高设计速度将诱发工程地质病害、大幅增加工程造价或对环境保护、文物有较大影响时,该局部路段的设计可维持原设计速度,但其长度一级、二级公路不宜大于10km。

③一级、二级、三级公路改扩建时,应作保通设计方案。

(7)非机动车、行人密集路段宜考虑非机动车和行人等的交通需求,可根据交通组成情况设置非机动车道和人行道。

(8)二级及二级以上的干线公路应在设计时进行交通安全评价,其他公路在有条件时也可进行交通安全评价。

(9)有救灾通道功能需求的二级及二级以下公路,可相应提高抗震及设计洪水频率标准。

(10)公路建设项目,应根据设计使用年限综合考虑建设、养护、管理等成本效益和安全、环保、运营等社会效益,选用综合效益最佳方案。

4.1.2 农村公路设计原则

由于农村公路线长面广,针对不同地形、地质状况的农村道路,设计时除充分考虑经济发展、交通量、人口密度、资源分布状况外,还应突出乡村特色、地方特色和民族特色,保护有历史文化价值的古村落和古民宅等各方面因素,坚持"因地制宜、量力而行、节约土地、保护环境、保证质量、注重安全"的原则,在保证质量,满足规范标准的前提下,降低建设成本,节能降耗,节约用地,保护生态环境,灵活采用路面形式,达到符合农村公路建设的实际。

1)结合实际、合理选择

(1)合理选择设计荷载

由于社会经济的发展,大型重载车辆的增多,超重超载对农村公路造成了不可避免的破坏。所以,选择农村公路设计的荷载标准一定要准确,应以观察或了解到的最大汽车荷载轴载为基础,结合技术标准,合理选择设计荷载等级。

(2)合理选择路线走向

①贯彻保护耕地、节约用地的原则,注意与沿线环境和景观的协调,方便农民出行,服务城乡一体化。

②尽量减少拆迁房屋,充分利用原有道路桥梁,避免大改、大调或大填、大挖。

③路线设计应结合沿线的地形、地质、水文条件,根据使用功能、工程投资和社会环境等因素,进行路线方案比选及技术经济论证,合理选用技术指标,保持线形连续、均衡,满足行车安全需要。

(3)合理设计安全设施

以人为本、使用功能优先,是当前工程设计的一大主题。按照"保障安全、提供服务、利于管理"的原则,结合交通量的增长与技术状况,完善补充安全设施设计。

2)设计注意事项

设计方案以切实可行为原则,重点放在农村公路的改造工程项目上。具体注意事项如下:

(1)平面线形以适合原线形的流线为基础,保证顺畅为可行;对于工程艰巨、地质复杂路段,在确保安全的前提下,平纵指标可适当降低,路基宽度可适当减窄。

(2)新旧路基的接茬方式、填料的技术要求要明确。

(3)为达到压实质量标准,应考虑采用夯实机具的形式。
(4)加宽宽度上,结合工程量大小,应考虑错台方式、压实作业和错轮有效宽度。
(5)采用矮挡墙加宽路堤,应验算施工压实机械压实时产生的倾覆推力。
(6)加长涵洞,参照旧涵结构顺接。
(7)原有路基较好的地段,如多年稳定的砂砾路面,可直接进行底基层或基层施工。
(8)石质路基上直接做水泥稳定基层。
(9)完善排水设施。公路质量由水侵害引起的问题达50%以上,农村公路在养护方面经费严重不足,因此,完善排水设施,减少水侵害十分重要。安全设施的完善,可提高公路抗灾能力,也充分体现了以人为本的设计理念。

4.2 农村公路路线设计要点

(1)确定路线走廊带应考虑走廊带内各种运输体系及不同层次路网间的分工与配合,据以统筹规划、近远期结合、合理布局,充分发挥和提高公路总体综合效益。
(2)公路选线必须由面到带、由带到线,在对地形地貌、地质水文、气候气象、自然保护区等调查与勘察的基础上论证、确定路线方案。
(3)路线线位应考虑同农田与水利建设、城市规划的配合,尽可能避让不可移动的文物、水源与自然保护区,保护环境且同当地景观相协调。
(4)各级公路应做好总体设计,正确处理公路与相关路网、交通节点的关系,合理设置各类出入口、交叉和构造物。各类构造物的选型与布置应合理、实用、经济。
(5)路线设计应根据公路功能、技术等级和地形等条件,恰当选取设计速度,合理确定公路断面布置形式,正确运用各类技术指标,注意平纵线形组合、保持线形连续均衡,在确保行驶安全性的前提下,满足舒适、环保与经济等要求。

在进行农村公路平纵横设计时,应结合农村公路的特点进行设计。

(1)平面线形设计。平面线形设计时,在一般较为顺直的路段,尽可能采用较高的指标进行调整,以求改造后有良好的行车条件;在较困难路段,在满足技术指标的前提下,充分利用老路,在老路地形极差且又受地形地物限制无法调整时,应考虑改线方案。

(2)纵断面设计。满足各控制点的高程要求。纵断面控制点一般有桥梁、相交道路、城镇等。桥梁设计高程应满足桥下通航净空及设计洪水频率对泄洪断面的要求,对立体相交的道路要满足本路和被交路的行车净空要求,对平面交叉的道路要顺适衔接;路线穿越城镇时要尽量和地形、地物相一致。

充分利用老路路面结构。在一般路段,路线的纵断面设计与路面结构的补强设计是相辅相成的,纵断面拉坡时,应尽量拟合老路,避免大填大挖。在老路路面情况较好时,为充分利用老路的路面结构,尽量不要开挖老路,使补强厚度最大限度地接近填高。

(3)横断面设计。根据设计速度及公路等级,结合当地实际,合理确定车道宽度、车道数、路肩宽度、错车道等指标,四级公路一般应采用双车道,交通量小或困难路段可采用单车道。

4.3 农村公路路基路面设计要点

4.3.1 一般规定

(1)路基路面应根据公路功能、技术等级、交通量,结合沿线地形、地质及路用材料、气候等自然条件进行设计,保证其具有足够的强度、稳定性和耐久性。路面面层应满足平整和抗滑的要求。
(2)路基应设置排水设施与防护设施,取土、弃土应进行专门设计,防止水土流失、堵塞河道和诱发路基病害;应进行路基表土综合利用方案设计,充分利用资源。

(3)应因地制宜、统筹考虑安全、环境、土地、经济等因素,选择合理的路基断面形式。

(4)通过特殊地质和水文条件的路段,必须查明其规模及其对公路的危害程度,采取综合治理措施,增强公路防灾、抗灾能力。

(5)路基路面结构应遵循整体化设计原则。路基设计应根据可用填料、施工条件和当地成功经验,提出路基结构的设计要求与设计指标;路面结构设计应结合路基结构设计要求与设计指标进行综合设计,以满足路面结构耐久性要求。

(6)公路改扩建项目的新建路面和原路面利用均应按现行标准进行设计,并应加强路基、路面的拼接设计;应对路面材料再生循环利用进行论证,充分利用废旧材料。

4.3.2 路基设计

合理确定路基设计高度,即注意在平面利用的同时综合考虑纵面利用,重视完善排水系统设计,路面排水、边沟、排水沟、涵洞、桥梁、截水沟、盲沟等应作为系统一并考虑,并做好防挡工程和田路分家的护脚;对沟壑交错、塘堰密布的水网地区,路基设计要高一些;软基可采用换填、抛石挤淤、盲沟、塑料排水板等方法加以有效处理;公路建设将新增水土流失,特别是弃土弃渣流失是造成水土流失的重要原因,所以要避免大填大挖,并对取土坑、弃土堆做专门设计,防止水土流失,使其在较短期内基本平衡,或进一步改善环境。

4.3.3 路基防护

路基防护应根据公路功能,结合当地气候、水文、地质等情况,采取相应防护措施,保证路基稳定,并应符合下列规定:

(1)路基防护应采取工程防护与植物防护相结合的综合防护措施,并与景观相协调。

(2)深挖、高填路基边坡路段,必须查明工程地质情况,并针对其工程特性进行路基防护设计。对存在稳定性隐患的边坡,应进行稳定性分析,采用加固、防护措施,保证边坡的稳定。

(3)沿河路段必须查明河流特性及其演变规律,采取防止冲刷路基的防护措施。凡侵占、改移河道的地段,必须做出专门防护设计。

4.3.4 路面结构设计

1)旧沥青路面

当面层、基层裂缝较严重时,应开挖处理,然后铺设玻璃纤维格栅;对较大沉陷,应查明原因,翻挖处理。一般路段利用老路路表弯沉测定结果,计算出代表弯沉值,并反算成老路面当量土基回弹模量,再按弹性层状体系理论计算加铺补强厚度,在加铺前需刨毛老沥青面层。

2)旧水泥混凝土路面

从经济性、可行性、结构稳定性等综合考虑,当水泥混凝土路面断板率在20%以下且表面破损率在30%以下时,以板块修复为主,当超出前述范围时,宜采用凿除所有混凝土板块,再对其基层弯沉进行测定,根据测定结果计算补强厚度或者挖除基层再重新进行设计。

3)旧碎石路面

对泥结碎石、级配碎石路面改建成高级路面时,一般将旧路豁松、打碎,掺灰处理,使其成为底基层,然后再根据弯沉情况加铺补强层。

4.3.5 路基路面排水与防水

(1)路基、路面排水应综合设计、合理布局,并与沿线排灌系统相协调,保护生态环境,防止水土流失和污染水源。

(2) 根据公路等级,结合沿线气象、地形、地质、水文等自然条件,设置必要的地表排水、路面内部排水、地下排水等设施,并与沿线排水系统相配合,形成完整的排水体系。

(3) 特殊地质地段的路基、路面排水设计,必须与该特殊工程整治措施相结合,进行综合设计。

(4) 路基、路面结构设计应进行防水设计,以减少路面结构水损坏。

4.4 农村公路结构工程设计要点

4.4.1 桥涵工程

1) 一般规定

(1) 桥涵应根据公路功能、技术等级、通行能力及防灾减灾等要求,结合水文、地质、通航和环境等条件进行综合设计。

(2) 桥涵应按照安全、耐久、适用、环保、经济和美观的原则,考虑因地制宜、就地取材、便于施工和养护等因素,进行全寿命设计。

(3) 桥涵应与自然环境和景观相协调。特殊大桥宜进行景观设计。

(4) 桥涵的设置应结合农田基本建设并考虑排灌的需要。

(5) 特大桥、大桥桥位应选择河道顺直稳定、河床地质良好、河槽能通过大部分设计流量的河段,并应避开断层、岩溶、滑坡、泥石流等不良地质地带。在受条件限制而选取不利桥位时,必须采取防控措施并进行严格论证。

(6) 桥面铺装应有完善的桥面防水、排水系统。

(7) 桥涵跨径小于或等于50m时,宜采用标准化跨径、装配式结构、机械化和工厂化施工。

(8) 对于分期修建的桥梁,应选择先期与后期易衔接的结构形式。

(9) 桥涵应设置维修养护通道,特大桥和大桥应设置必要的养护设施。

2) 结构(桥涵)工程设计

桥涵设计应根据施工功能、通行能力和行洪要求,遵循"就地取材、便于施工和养护"的指导思想,按照"安全、实用"的原则进行。新建和改建桥涵宜采用标准跨径、技术成熟、容易施工、经济适用的桥涵形式。季节性的宽浅河流或泥石流流通区可修建漫水桥或过水路面。涵洞设置不仅要考虑到出行需求,而且也要充分考虑农业灌溉需求,并且应有效地处理好进出水口与农田的关系,以保证灌溉需要。涵洞宜采用圆管涵、板涵等经济实用的形式,涵顶填土应满足最小厚度要求,保证一步到位,满足要求,并应有一定的宽度。

4.4.2 隧道工程

(1) 隧道应根据路网规划、公路功能需要,按照"安全、耐久、经济、节能、利于保护生态环境"的原则,结合隧道所处地区的地形、地质、施工、运营、管理等条件进行设计。

(2) 隧道选址必须对该区域的自然地理、场地与生态环境、工程地质、水文地质、气象、地震等进行勘察,取得完整勘察基础资料,经技术经济论证后确定。

(3) 隧道高程和平面位置应根据公路等级、路线总体设计方案确定,选在地层稳定,利于设置洞口、洞口两端接线,利于设置防灾救援系统、管理养护等设施的地段。

(4) 拟定路线总体设计方案应论证采用隧道或深路堑等不同方案给生态环境带来的影响。对生态环境脆弱的地带或可能因施工造成生态环境难以恢复的地段,应优先选择对环境影响小的方案,并辅以治理措施。

(5) 隧道路面应具有足够的抗滑性能。洞内、外衔接路段路面设计抗滑性能应一致。

4.5 农村公路路线交叉工程设计要点

4.5.1 公路与公路平面交叉

一般应采用平面交叉口,以降低工程造价。但在交叉口处必须保证视线良好,确保交通安全。在施工过程中,应对被交叉道路提前实施路面铺装,避免彼此污染。此外,要多开行人出入口,方便进入农舍院落。

1)平面交叉形式

平面交叉形式应根据公路网规划、地形和地质条件、相交公路的公路功能、技术等级、交通量、交通管理方式和用地条件等确定。

2)平面交叉的交通管理方式

平面交叉的交通管理方式分为主路优先、无优先交叉和信号交叉三种,应根据相交公路的公路功能、技术等级、交通量等确定所采用的方式。

3)平面交叉角

平面交叉角宜为直角,必须斜交时,交叉角应大于45°。同一位置平面交叉岔数不宜多于5条。

4)平面交叉的设计速度

两相交公路的技术等级或交通量相近时,平面交叉范围内的设计速度可适当降低,但不宜低于路段设计速度的70%。

平面交叉右转弯车道的设计速度不宜大于40km/h;左转弯车道的设计速度不宜大于20km/h。

4.5.2 公路与公路立体交叉

1)需设置立体交叉的条件

(1)高速公路与各级公路交叉必须采用立体交叉。

(2)一级公路与交通量大的公路交叉应采用立体交叉。

(3)二级、三级、四级公路间的交叉,直行交通量大时,宜采用立体交叉。

2)需设置互通式立体交叉的条件

立体交叉分为互通式立体交叉和分离式立体交叉,符合下列条件时应设置互通式立体交叉:

(1)高速公路与承担干线和集散功能的公路相交时。

(2)高速公路与连接其他重要交通源的连接线公路相交时。

(3)作为干线功能的一级公路与其他干线公路和集散公路相交时。

(4)一级公路采用平面交叉冲突交通量较大,通过渠化或信号控制仍不能满足通行能力要求时。

3)需设置分离式立体交叉的条件

符合设置立体交叉的条件,但不符合设置互通式立体交叉的条件时宜设置分离式立体交叉。

4)互通式立体交叉

互通式立体交叉分为枢纽互通式立体交叉和一般互通式立体交叉,设置应符合下列规定:

(1)相邻互通式立体交叉的间距不宜小于4km。

受地形条件或其他特殊情况限制,经论证相邻互通式立体交叉的间距需适当减小时,其上一互通式立体交叉加速车道终点至下一互通式立体交叉减速车道起点之间的距离不得小于1000m,且应进行专项交通工程设计,设置完善、醒目的标志、标线和警示、诱导设施。

相邻互通式立体交叉的间距小于上述规定的1000m最小值,且经论证必须设置时,应将两互通式立体交叉合并设置为复合式互通式立体交叉。

(2)相邻互通式立体交叉的最大间距不宜大于30km。在人烟稀少地区,其间距可适当加大,但应在适当位置设置"U形转弯"设施。

(3)互通式立体交叉与服务区、停车区、公共汽车停靠站、隧道等其他重要设施之间的距离应能满足设置出口预告标志的需要。

(4)互通式立体交叉匝道设计速度应符合表4-1的规定。

表4-1 互通式立体交叉匝道设计速度

匝道形式		直连式	半直连式	环形匝道
匝道设计速度（km/h）	枢纽互通式立体交叉	50~80	40~80	40
	一般互通式立体交叉	40~60	40~60	30~40

(5)互通式立体交叉匝道车道数应根据匝道交通量和匝道长度确定。主线与匝道或匝道与匝道的分、合流连接部，应保持车道数的平衡。

5)立体交叉跨线桥桥下净空

公路与公路立体交叉跨线桥桥下净空应符合规定，并应满足桥下公路的视距要求，其结构形式应与周围环境相协调。

4.5.3 公路与铁路相交叉

1)需设置立体交叉的条件

(1)高速公路、一级公路与铁路相交叉时，必须设置立体交叉。

(2)铁路与二级公路相交叉时。

(3)路段旅客列车设计行车速度为120km/h的铁路与公路相交叉时。

(4)由于铁路调车作业对公路上行驶车辆会造成严重延误时。

(5)受地形等条件限制，采用平面交叉会危及行车安全时。

2)铁路跨越公路上(下)方时的桥下净空及布孔

铁路跨越公路上方时，其跨线桥下净空及布孔应符合公路建筑限界、视距的规定，以及对前方信息识别的要求。

铁路穿越公路下方时，公路跨线桥下净空应符合现行铁路净空限界标准的规定。

3)立体交叉方式

公路、铁路平面相交时，宜为正交；必须斜交时，交叉角度应大于45°，且道口应符合侧向瞭望视距的规定。

4)铁路与公路地界间距

铁路与公路平行相邻时，铁路用地界与高速公路用地界间距不宜小于30m，与一级、二级公路用地界间距不应小于15m，与三级、四级公路用地界间距不应小于5m。

4.5.4 公路与乡村道路相交叉

(1)公路与乡村道路相交叉一般规定。

公路与乡村道路相交叉的位置、形式、间距等的确定，应考虑县、乡(镇)土地利用总体规划中农业耕作机械需求。必要时应结合规划，对农业机耕道进行适当调整或归并。

(2)不同公路等级与乡村道路相交叉具体规定如下：

①高速公路与乡村道路相交叉必须设置通道或天桥。

②一级公路与乡村道路相交叉宜设置通道或天桥。

③二级、三级公路与乡村道路相交叉应设置平面交叉，四级公路与乡村道路相交叉宜设置平面交叉，地形条件有利或公路交通量大时宜设置通道或天桥。

④二级、三级、四级公路与乡村道路相交叉时，应对其交叉范围一定长度的路段进行改造，使其达到

四级公路的标准。

⑤二级及二级以上公路位于城镇或人口稠密的村落或学校附近时,宜设置专供行人横向通行的人行地道或人行天桥。

4.5.5 公路与管线等相交叉

1)公路与管线等相交叉的一般规定

电信线、电力线、电缆、管道等均不得侵入公路建筑限界,不得妨害公路交通安全和人员安全,并不得损害公路的构造和设施。

2)架空送电线路与公路交叉方式

架空送电线路与公路相交叉时,宜为正交;必须斜交时,交叉角度应大于45°。架空送电线路跨越公路时,送电线路导线与公路交叉处距路面的最小垂直距离必须符合相应送电线路标称电压规定的要求。

3)输送管道与公路交叉方式

原油管道、天然气输送管道与公路相交叉时,宜为正交;必须斜交时,交叉角度应大于30°。

4)管线与公路交叉注意事项

管线与各级公路相交叉且采用下穿方式时,应设置地下通道(涵)或套管。通道或套管应按相应公路等级的汽车荷载等级进行验算。

严禁易燃、易爆、高压等管线设施利用或通过公路桥梁和隧道。

4.5.6 动物通道

1)设置动物通道一般规定

公路应结合沿线放牧及野生动物迁徙需要,选择合理位置设置必要的动物通道。

2)设置便道(牧道)的一般规定

穿越草原区域的封闭公路,应根据放牧等需要修建沿公路通行的便道(牧道)。

4.6 农村公路交通工程及沿线设施设计要点

农村公路应充分体现以人为本的原则,一定要做到保证安全,方便群众。安全标志、地名牌、指路牌,都必须设置。

4.6.1 一般规定

1)建设规模与标准的确定依据

交通工程及沿线设施的建设规模与标准应根据公路网规划、公路的功能、等级、交通量、运营条件等综合论证确定。

2)总体设计要求

交通工程及沿线设施总体设计应符合公路总体设计的要求,相互匹配,协调统一,充分发挥公路的整体效益。

3)设计原则

交通工程及沿线设施应按照"保障安全、提供服务、利于管理"的原则进行设计。

4)设置原则

交通工程及沿线设施包括交通安全设施、服务设施和管理设施三种,各项设施应按统筹协调、总体设计的原则设置,并应结合交通量的增长与技术发展状况等逐步补充、完善。

5)匹配改扩建工程

对于改扩建工程,交通工程及沿线设施应配合公路主体工程的改扩建方案,提供配套的交通工程及沿线设施的设计和施工组织方案。

4.6.2 交通安全设施

1)类型

交通安全设施包括交通标志、标线、护栏、视线诱导设施、隔离栅、防落网、防眩设施、防风栅、防雪(沙)栅、积雪标杆等。

2)设置依据

交通安全设施应根据公路功能、交通组成、公路环境、运营条件等设置,以满足交通安全管理与服务的需求。

3)交通标志和标线的设置

(1)交通标志、标线应总体布局、合理设置,重要信息应重复设置或连续设置。

(2)交通标志的位置应保证其视认性,与其他标志或设施不应相互遮挡。

(3)交通标志与标线应根据实际需求配合使用,应互为补充、含义一致,并与其他设施相协调。

4)公路路侧护栏的设置

(1)公路路侧净区的宽度不足时,应按护栏设置原则确定是否设置护栏。

(2)桥梁与高路堤路段必须设置路侧护栏。

(3)路侧有悬崖、深谷、深沟、江河湖泊等路段应设置路侧护栏。

(4)作为干线的一级公路,整体式断面中间带宽度小于或等于12m时,必须连续设置中央分隔带护栏。

(5)根据车辆驶出路外可能造成的伤害程度,结合公路设计速度、几何指标、交通量、交通组成等因素合理确定护栏防护等级。

(6)不同形式的护栏相接时应进行过渡设计。

5)轮廓标的设置

(1)一级公路的主线及其互通式立体交叉,服务区、停车区等处的进出匝道、连接道、中央分隔带开口以及避险车道等应连续设置轮廓标。

(2)二级及二级以下公路的视距不良路段、车道数或车道宽度有变化的路段及连续急弯陡坡路段宜设置轮廓标,其他路段视需要可设置轮廓标。

(3)隧道内应设置轮廓标。

6)公路隔离栅的设置

(1)一级公路需要控制出入口的路段两侧宜连续设置,也可利用天然屏障间隔设置。

(2)其他公路可根据需要设置。

7)公路防落网的设置

(1)公路跨越铁路、通航河流、交通量较大的其他公路时。

(2)公路路堑边坡可能有落石并影响交通安全的路段。

8)公路其他安全设施的设置

(1)一级公路应根据需要设置防眩设施。

(2)连续长、陡下坡路段设置避险车道时,应设置配套的标志、标线及隔离、防护、缓冲等安全设施。

(3)为集散公路的一级公路,整体式断面中间带应设置隔离设施。

(4)风、雪、沙等危及公路行车安全的路段,应设置防风栅、防雪(沙)栅、积雪标杆等安全设施。

4.6.3 服务设施

1)服务设施类型

服务设施包括服务区、停车区和客运汽车停靠站。

2) 服务区、停车区位置的规划和布设

服务区、停车区的位置应根据区域路网、建设条件、景观和环保要求等规划和布设。客运汽车停靠站的位置宜根据地区公路交通规划、公路沿线城镇分布、出行需求布设。

3) 服务区的设置

(1) 作为干线的一级、二级公路宜设置服务区。服务区平均间距宜为50km；当沿线城镇分布稀疏，水、电等供给困难时，可增大服务区间距。

(2) 作为干线的一级、二级公路服务区宜设置停车场、加油站、公共厕所、室外休息点等设施，有条件时可设置餐饮、商品零售点、车辆加水等设施。

4) 停车区的设置

(1) 作为干线的一级、二级公路宜设置停车区。停车区可在服务区之间布设一处或多处，停车区与服务区或停车区之间的间距宜为15~25km。

(2) 停车区应设置停车场、公共厕所、室外休息区等设施。

5) 客运汽车停靠站服务设施的设置

客运汽车停靠站应设置车辆停靠和乘客候车设施，可与服务区结合设置。

6) 具备集散功能的公路服务设施的设置

作为集散的一级、二级公路和三级、四级公路可根据需要设置加油站、公共厕所及客运汽车停靠站等设施。

4.6.4 管理设施

1) 管理设施的一般规定

管理设施包括监控、收费、通信、供配电、照明和养护管理等设施，应符合下列规定：

(1) 可根据需求设置监控、收费、通信、供配电、照明和养护管理设施。

(2) 监控、收费、通信、供配电、照明和养护管理等设施应根据交通量进行总体设计、分期实施，并据此实施基础工程、地下管线及预留预埋工程等。

2) 监控设施

(1) 监控设施分为A、B、C、D四个等级。

A级：应全线设置视频监视、动态信息发布及交通诱导设施，结合收费站、特大桥、隧道前、互通式立体交叉、服务区等重点或有特殊需求路段，设置交通事件检测、交通量检测、环境信息检测、匝道控制设施。实现全线的全程监控、动态信息发布和交通诱导。

B级：应在收费站、特大桥、互通式立体交叉、服务区等重点或有特殊需求路段，设置视频监视、交通事件检测、交通量检测、环境信息检测、匝道控制、动态信息分布及交通诱导设施。实现全线的重点监控、动态信息发布和交通诱导。

C级：宜在特大桥、服务区、客运汽车停靠站、公路平面交叉口等重点或有特殊需求路段，设置视频监视、交通事件检测、交通量检测、动态信息发布及交通诱导设施。

D级：可在特大桥、加油站、客运汽车停靠站、主要公路平面交叉口等重点或有特殊需求路段，设置交通量检测、现场交通信息提示及交通诱导设施。

(2) 各等级监控设施的适用范围可依据表4-2确定。

表4-2 各等级监控设施的适用范围

监控设施等级	适 用 范 围
A	高速公路（全程监控）
B	高速公路（分段监控）

表 4-2 各等级监控设施的适用范围(续)

监控设施等级	适 用 范 围
C	干线一级、二级公路
D	集散公路、支线公路

(3)桥梁、隧道设置结构监测、养护监测等设施时,应与路段的监控设施统一规划设计,协调管理。

3)收费设施

(1)收费设施应与公路设计采用的服务水平相协调。收费广场出口和入口的收费车道数均不应小于两条。新建收费设施应同步建设 ETC(Electronic Toll Collection)车道。

(2)省界主线收费站宜采用合建方式。

(3)收费系统机电设备可按开通后的第15年交通量配置;收费岛、收费广场、地下通道、收费大棚等设施宜按开通后第15年的交通量配置;收费广场用地、站房用地、建筑和土方工程用地应按开通后第20年的交通量实施。

(4)客车应采用分车型收费方式,货车宜采用计重收费方式。

4)通信设施

(1)通信设施应满足监控、收费和管理等业务需求,结合路网统一规划、统一标准、统一体制,提供语音、数据、图像信息服务平台。

(2)一级公路的通信管道宜按远期规划设计。通信管道敷设容量应综合考虑交通专网需求、社会租赁需求和扩容要求确定。省与省之间应保证一条用于干线联网的通信管道。

5)供配电、照明设施

(1)应根据公路特点、系统规模、负荷性质、用电量、电源条件、电网发展规划,在满足近期要求的同时,兼顾远期发展需要,合理确定外部电源、自备应急电源的供配电系统方案。

(2)高压输电线路工程应结合工程特点、规模和远期发展状况,施工临时用电和运营永久性用电相结合实施。

(3)收费广场、服务区广场、避险车道、检测点(站)等应设置照明设施,位于城市出入口路段的互通式立体交叉、特大桥、机场高速公路、环城高速公路可设置照明设施。

6)养护管理设施

(1)应根据公路养护业务需求设置养护工区和道班房。高速公路宜设置养护工区,其他等级公路宜设置道班房。

(2)公路养护管理设施宜结合地形和业务范围选址合建。

(3)公路管理房屋建筑应布局合理、经济适用、环保节能,与周围环境相协调。房屋建筑规模宜根据设计交通量确定。

第5章　浙江省农村公路建设管理实例

农村公路存在点多、线长、面广、资金投入有限、单个项目规模小等问题,农村公路建设既存在固有的特点,也与高速公路和干线公路建设具有一定的共性。其特殊性要求农村公路的建设和管理模式,不能完全照搬干线公路的建设和管理办法,其共性要求我们必须尊重国家建设的基本程序和方法。本章从建设资金筹措、招标投标管理、补助资金支付管理等方面介绍农村公路建设管理,以期在遵循国家建设基本程序和方法的前提下,寻求更适合的操作方法,尽可能简化程序,节约管理费用。

5.1 桐乡农村公路建设管理模式

5.1.1 建设资金筹措

以桐乡市为例,建设资金筹措采取"市政府补一点,镇(街道)投入一点,沿线村承担一点,受益单位和群众捐一点"的办法,克服"等、靠、要"的思想,打破常规,全民动员,多渠道筹措资金。

1) 财政补助

干线公路国省道新建项目的建设资金由市级部门(单位)负责承担;改(扩)建项目建设资金由市、镇(街道、开发区)分级承担,具体分担比例由市政府研究确定。重要县道项目建安费及两侧绿化带建设费用由市级部门(单位)负责承担;房屋拆迁、征地、线路迁移等费用,由镇(街道、开发区)承担。为减少房屋拆迁、征地、线路搬迁等费用而需要变更规划、设计方案的,新增部分的费用(包括建安费,两侧绿化带建设费用等)由镇(街道、开发区)承担。

对一般村级公路,路面宽度 5~7m 的,市财政对一般镇(街道)按中标价的 20% 给予补助,经济薄弱镇(街道)按中标价的 30% 给予补助;路面宽度超过 7m 的,按 7m 给予补助;对桥梁改造,市财政根据桥梁跨径大小按实际中标价分别给予 25%~60% 的补助。

对提升改造工程,市财政根据工程建安费(不含绿化工程)的审计后结算价(路面宽度大于 14m 的,按照 14m 宽度进行补助)进行补助。一般县道,给予全额补助;通达农村新社区、通城乡公交的乡道或村道,分别给予乡道 70%、村道 50% 的补助;其他乡道、村道,由市财政给予 30% 的补助;乡道和村道提升改造路段涉及经济薄弱村部分,市财政补助资金在原补助总额基础上提高 20% (总计补助资金一般不超过总投资的 70%)。

2) 社会集资

广泛发动社会力量,群策群力,采取冠名权和为捐资企业、个人立功德碑等办法吸引民间资金。对个人出资达到工程额 60% 以上的,除政府补助以外,同时获得路(桥)的个人(企业)冠名权。如原桐乡市一舟制衣有限公司捐资 20 万元对一村级公路进行改造,获得了该路的冠名权,新改造的村级公路被冠名为"一舟路"。

5.1.2 招标投标管理

在农村公路建设过程中,随着公路建设招标投标制度的不断完善和规范,浙江省农村公路招标投标工作总体上规范、有序。为规范农村公路建设项目招标投标管理工作,现介绍相关特色做法:

(1)对于规模较大、技术复杂的农村公路建设项目以及大桥、特大桥工程单独进行招标,其他农村公路建设项目可以在同一乡(镇)范围内将多项目一并招标(即"捆绑打包"),也可在本县行政区域内由县农村公路建设办公室统一组织多项目一并招标。

(2)各镇(街道)、镇级直属各单位(及其所属国有和集体企业、所辖事业单位)及各行政村使用国有、集体资金投资并负责实施的各类小型工程建设项目的总承包、勘察、设计、施工、监理以及设备、材料采购等,除按规定应进入省级、市级公共资源交易中心交易的,其他应当进入镇(街道)招标采购中心进行交易。

(3)规范公共资源交易市场各方责任主体和从业人员的行为,建立公共资源交易不良行为记录和黑名单制度。例如桐乡市建立《桐乡市公共资源交易不良行为记录和黑名单制度管理暂行办法》,明确投标人(供应商)、中介机构、评标专家的不良行为、黑名单范围及处罚措施。

(4)根据农村公路建设项目特点编制招标文件范本,便于项目建设单位(镇、街道)招标时采用。结合项目实际特点将浙江省公路工程招标文件范本进行简化,需要改动处的文字采用红色字体进行标注,编制招标文件时省时省力,非专业人员也可编制。

5.1.3 补助资金支付管理

以桐乡市为例,补助资金分四个阶段拨付,申请单位也可根据工程建设实际进展情况,合并申请拨付。

1)项目开工

根据下达的年度建设计划,完成施工图审查及工程招投标工作,并办理了质量监督手续,施工单位已进场施工,填写资金拨付申请表,并提交施工合同文本、工程量清单复印件,经核实后拨付补助资金的30%。未办理项目开工资金拨付申请的,不再受理该项拨付申请。

2)项目完工

工程项目已完工,填写资金拨付申请表,经核实后拨付补助资金的30%。未办理项目完工资金拨付申请的,不再受理该项拨付申请。

3)质量评定

工程完工后及时由建设单位组织质量评定,经评定为质量合格的,填写资金拨付申请表,经核实后拨付补助资金的20%。

4)竣工验收

符合"批复的工程内容已全部完工;质量评定为合格及以上;竣工文件按有关档案完备;包括建设、设计、施工、监理内容在内的总结报告已提交;决算已编制并经审计部门或中介机构的审查核定"等竣工验收条件后,申请竣工验收。竣工验收通过后,填写资金拨付申请表,经核实后拨付补助资金的20%,至此全额付清补助资金。

由市监察局、财政局、审计局等部门负责建设资金的检查和监管,如配套资金是否列入年度镇(街道、开发区)财政预算,并落实到位;截留、挤占和挪用等情况是否存在;资金使用是否合理;内部财务管理制度是否健全等。

5.2 松阳农村公路建设管理模式

5.2.1 农村公路建设管理

新(改)建农村公路必须按照单车道四级公路(含)以上技术标准要求进行建设,路基宽度不低于5.5m,路面铺装应为水泥混凝土或沥青混凝土,宽度不低于4.5m。按规定设置错车道。桥梁与路基同宽,桥梁设计荷载不低于公路Ⅱ级。同步实施路肩、安保和绿化工程。

县级交通运输局每年根据全县各乡镇(街道)情况合理安排农村公路建设计划。按"统筹安排、因地制宜、量力而行"的原则,优先安排人口多、共享率高、资源丰富的村庄、景点的道路建设;优先安排具有机耕路可利用、投资成本低、群众支持度高、配套资金有保障的项目;优先安排在公路建设中群众配合度高,政策处理支出少的乡镇(街道)上项目。

各乡镇(街道)为农村公路项目建设业主。各乡镇(街道)要结合实际情况,对拟实施的农村公路现状路况、经济效益、受益人口、自筹资金能力、政策处理力度、项目前期推进及行政村的积极性等计划条件要素,进行综合分析,合理确定计划项目。乡镇(街道)每年8月底前向县交通运输局申报农村公路建设计划(原已实施乡村康庄工程、农村公路工程的,不能再申报)。

县交通运输局根据各乡镇(街道)上报的计划,组织相关单位进行调查研究,征求意见,编制下年度全县农村公路建设计划,于每年9月底前完成计划审定,并报县发展和改革局列入下年度投资计划。

列入年度投资计划的项目,各乡镇(街道)需成立领导和监督机构,并在当年5月底前完成项目前期设计以及招投标等工作。农村公路计划下达后,各乡镇(街道)必须在规定的期限内完成。

各乡镇(街道)在上报年度农村公路建设计划时,计划项目必须委托有资质的设计单位同步完成施工图设计,作为列入计划的必要依据。列入计划的项目经县交通运输局受理后,由建设业主组织召开施工图审查会议,并邀请相关审批部门参与审查,出具审查意见(施工图预算需经财政部门审核)。施工图设计优化完善后,报县交通运输局审批。项目水保、环保等要求依照相关规定执行。县交通运输局根据项目业主和施工单位的施工准备工作情况批准开工报告。

所有农村公路项目,实行工程质量、安全监督制度,项目业主需要办理质量安全监督手续,接受交通质监部门过程监督。严格验收制度。县交通运输局要按照相关规定督促指导乡镇(街道)及时对农村公路项目进行交(竣)工验收。

5.2.2 建设资金管理

建设资金筹措原则坚持政府引导,逐步提高公共财政保障能力,采取多元化、多形式的筹资措施,以保障农村公路建设的顺利实施。县政府每年至少安排1000万元资金并列入政府年度计划,配套改善农村路网。对列入农村公路建设计划项目,建设标准必须符合四级公路(含)以上技术标准以及验收合格的项目,县政府按工程实施情况分期给予补助(以上补助含省市补助资金),不足部分原则上由所属乡镇(街道)、村、景区业主等多方自行筹措。项目完成路基中间交验后拨付20%补助资金,路面主体工程完工后拨付60%,交(竣)工验收合格后拨付20%。各项资金实行专户存储、专款专用,任何单位和个人不得任意滞留、截留、挤占或挪用、超范围使用项目资金。发改、财政、交通和审计部门要对项目资金使用的全过程进行监督,确保农村公路建设资金的安全和有效使用。加强监管和审计,严查违法违纪行为。

第二篇 质量安全管理篇

第6章　工程质量安全管理体制

农村公路建设必须保证工程质量和安全生产。农村公路质量安全管理实行"企业自检、社会监理、法人管理、政府监督"的四级保证体系。农村公路建设从业单位应当按照法律、法规、规章以及国家和省级有关规定履行保证工程质量和安全生产的义务。

企业自检,是指施工企业对施工质量和安全生产承担主体责任,按照《公路工程质量检验评定标准》对路基、路面结构层、混凝土构件等的原材料、混合料、实体质量等进行检验,一项工程由作业工人实施,经施工自检人员检验合格的才能提交验收,并对因施工导致的工程质量安全事故或者质量问题承担责任。

社会监理,是指监理企业对施工质量和安全生产承担监理责任,按照合同约定的职责和权限,代表建设单位对公路工程施工质量安全实施监理,配备必要的检测设备和检测人员,落实见证、旁站、抽检、审查等职责,确保质量,避免返工。目前,社会监理实行工程总监负责制。

法人管理,是指建设单位对交通建设工程质量和安全生产负全面管理责任。在农村公路建设中,项目法人一般是乡(镇)人民政府或由其组织实施,应具备相应的管理能力和建设经验,设置专门的农村公路质量安全管理部门,配备与建设规模相适应的足够数量的专职质量安全管理人员。

政府监督,是指交通运输行政主管部门或者监督机构受理工程的质量安全监督申请,出具质量和安全生产监督通知书,在施工环节、验收环节进行的监督,是质量安全管理体系中的最后保障环节。对有的项目来说,企业自检的流于形式,施工监理的不负责任,法人管理的力量不足,因此,政府监督极为重要。

第 7 章　工程质量安全监督管理

7.1　质量安全监督程序及内容

质量安全监督可分为四个阶段:施工准备阶段、施工阶段、交(竣)工质量评定阶段、交(竣)工验收阶段,具体监督程序及内容如图 7-1 所示。

7.1.1　办理监督手续

公路养护大中修工程建设单位在完成开工前各项准备工作之后,应在工程开工前 20 日,向监督机构办理工程质量监督手续,并提交下列材料:
(1)工程概况表,包括工程名称及地点、参建单位、联系方式等内容;
(2)按有关规定对原有公路技术状况进行检测的结果;
(3)工程批复文件及施工图设计文件;
(4)勘察、设计、施工、监理、试验检测等合同和单位资质证明材料;
(5)施工和交通组织方案;
(6)监督机构需要的其他材料。

监督机构自收到监督申请之日起 10 日内,对符合基本建设程序的公路养护大中修工程,出具工程质量监督通知书;对不符合程序的公路养护大中修工程,书面通知申请人不予受理质量监督并告知原因,同时向交通运输行政主管部门报告。符合基本建设程序后,建设单位重新申请办理工程质量监督手续。

公路新建、改建、扩建等工程建设单位在完成开工前各项准备工作之后,应在工程开工前 30 日,向监督机构办理工程质量安全监督手续,并提交下列材料:
(1)项目概况说明书,包括工程项目名称、地点、建设单位、联系方式等内容;
(2)初步设计、施工图批复文件;
(3)勘察、设计、施工、监理等合同;
(4)勘察、设计、施工、监理单位的资质证明材料;
(5)法律、法规规定的其他材料。

监督机构自收到监督申请之日起 20 日内,对符合基本建设程序的新建、改建、扩建等工程,出具工程质量和安全生产监督通知书;对不符合程序的新建、改建、扩建等工程,书面通知申请人不予受理质量安全监督并告知原因,同时向交通运输行政主管部门报告。符合基本建设程序后,建设单位重新办理工程质量和安全生产监督手续。

7.1.2　监督交底

在施工准备阶段(或项目开工初期),由监督机构组织监督工作交底,建设单位工程管理人员、设计单位项目负责人及设计代表、全体监理人员、施工单位项目经理、技术负责人、安全负责人及其他施工现场管理人员参加交底会议。

7.1.3　执法检查

监督机构组织执法检查和监督抽查。

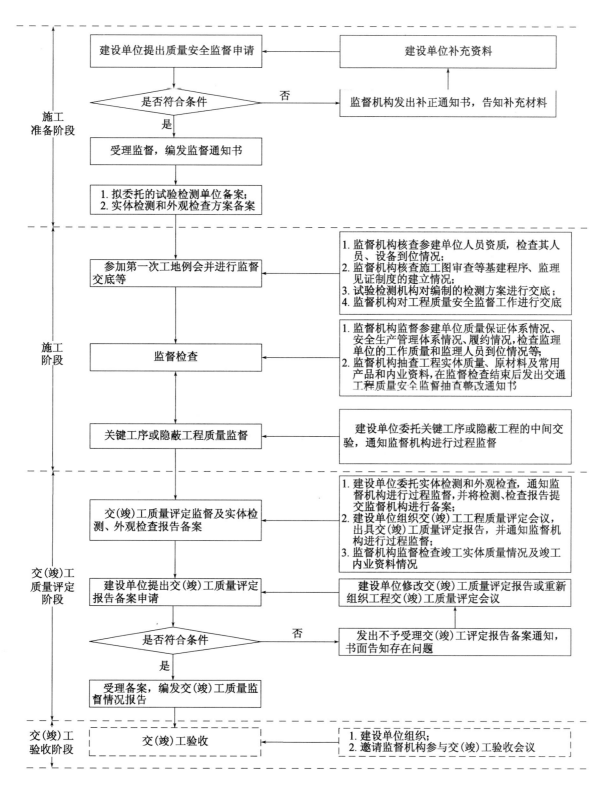

图 7-1 质量安全监督流程图

实施质量监督检查的主要内容包括：
(1)执行相关法律、法规、规章和工程建设强制性标准情况；
(2)项目质量保证体系建立和运行情况；
(3)工程实体质量和质量管理行为,使用的材料、设备质量情况；

(4)工程监理、试验检测工作情况；
(5)质量保证资料收集归档情况；
(6)从业单位在工程建设过程中的其他质量行为。
实施安全生产监督检查的主要内容包括：
(1)执行相关法律、法规、规章和工程建设强制性标准情况；
(2)项目安全生产管理体系建立和运行情况；
(3)对施工现场易发生生产安全事故的部位以及重点作业环节的监管情况；
(4)安全教育培训情况。

7.2 质量安全监督备案

交(竣)工质量评定按照《公路工程竣(交)工验收办法实施细则(试行)》规定执行。

交通建设工程交(竣)工质量评定由负责该项目的建设单位组织实施。质量评定包括交工质量评定(包括中间交工)和竣工质量评定。质量评定工作内容包括工程实体检测、外观检查、质量保证资料审查和评定打分。交工质量评定组由项目建设、设计、施工、监理等单位的代表组成。竣工质量评定组由项目建设、设计、施工、监理、运营、养护等单位的代表组成。监督机构应派监督人员对交(竣)工质量评定进行过程监督。

建设单位应当督促施工、监理等相关从业单位加强质量管理，及时对工程质量进行实体检测和外观检查。建设单位应按相关规定委托检测机构进行实体检测和外观检查。建设单位应组织对桥梁桩基和基础、桥梁预应力构件、隧道Ⅳ级以上围岩的初期支护、软土地基处理、高边坡等关键工序或隐蔽工程进行中间检测，中间检测项目合格率应在90%以上。建设单位组织或委托的检测和检查结果均可作为交(竣)工质量评定依据。建设单位应根据检测和检查情况每季度向交通运输行政主管部门、监督机构报告工程项目的质量状况。

浙江省交通建设工程交(竣)工(包括中间交工)质量评定实行备案管理，质量评定备案管理程序如下：

1)试验检测机构备案

建设单位应在工程开工后，确定拟委托本工程交(竣)工检测的试验检测机构，并将拟委托的试验检测机构情况和工作内容等报主管监督机构备案。

试验检测机构原则上应在省交通建设监督管理局公布的"交(竣)工质量检测机构名录"内选取；建设单位可根据工程交(竣)工质量评定的不同检测项目、内容或标段(辖区)情况分别进行委托，但必须确定一家总负责的检测机构；建设单位应在检测机构报监督机构备案后，正式确定检测机构并签订检测协议。

2)检测方案备案

试验检测单位应当编制实体检测和外观检查的检测方案；建设单位应组织检测方案的专家审查，并将修改完善后的检测方案报监督机构备案。

3)检测(查)报告备案

实体检测和外观检查完成后，试验检测单位应出具工程实体检测报告和外观检查报告。建设单位应在质量评定前10日，将工程实体检测报告和外观检查报告报监督机构备案。

4)质量评定报告备案

建设单位应根据工程实体检测报告、外观检查报告和内业资料审查的情况，对工程质量进行评定，出具工程质量评定报告。工程质量评定前，建设单位应根据实体检测报告和外观检查报告对每个单位工程进行现场复核，若建设单位发现有工程实体质量不合格情况或存在重大质量安全隐患的，应当报告监督机构,同时组织有关单位进行修复或返工,必要时应进行安全评估或专家审查。工程实体修复或返工完成后,经试验检测单位复测,工程质量满足规范和设计要求后,建设单位再对工程质量进行评定。

建设单位应将工程交(竣)工质量评定报告在交(竣)工验收前20日,报监督机构备案。

第8章 农村公路施工质量控制

8.1 农村公路常用质量控制方法

8.1.1 技术交底

(1)三种交底。
项目技术交底、标段技术交底、班组技术交底。
(2)交底内容。
①项目技术交底。设计的主导思想、工程地质及水文等自然条件、施工进度和总工期、采用的技术规范与质量标准、技术安全措施、材料要求以及特殊结构桥梁、地质复杂隧道、易发生安全问题的关键部位、关键工序的施工技术要求、图纸会审中提出的有关问题及解决方案等。
②标段技术交底。单位工程、特殊分部分项工程的施工方案、质量安全保证措施及应急预案;关键工程与交叉作业工程如何协作配合;施工单位初次采用的新结构、新技术、新工艺、新材料等。
③班组技术交底。分部、分项工程的施工方法及注意事项、危险源辨识方法及应急预案;关键工程的具体部位、高程和尺寸,预埋件、预留孔洞的位置及规格;流水和交叉作业施工阶段划分;现浇混凝土支模方法、拆模时间;钢筋、管线的规格、品种、数量和施工要求;混凝土、砂浆、玛𹼼脂、防水、防腐等材料的配合比,试件、试块的取样、养护方法,焊接程序和工艺等。
(3)交底有交底单和书面材料,并有相关责任人签字认可。
(4)通过层层技术交底,使操作人员做到心中有数。做到责任落实,可操作、易检查。

8.1.2 首件制

首件制就是在新的分部或分项工程在开始施工的第一个个体,尤其多工种配合作业内容更有必要。如施打第一根桩,振第一根钢护筒,制作第一根钢筋笼,浇筑第一根桩,浇筑第一节混凝土等。

通过首件制有时是为了明确一些参数,检验工艺方案中的参数、操作工艺、管理组织情况、设备人员情况,以及其他与施工有关的边界条件是否成立。

8.1.3 质量管理人员的工作经验、方法、责任心

工程质量管理人员的工作质量对工程的顺利进行和工程质量的控制起到关键作用。要全面熟悉项目的工程技术、现场管理、质检、试验各项工作;要形成良好的工作习惯,熟悉质检工作程序,有利于减少事故的发生;质检工作要严谨,要有数据作支撑。

每次到现场要带如下主要工具:图纸、钢卷尺、笔记本、笔。

要做到:腿勤,经常深入现场;眼勤,善于发现问题;手勤,多动手、多实践、多记录;嘴勤,多问、多沟通、多管;脑勤,学会思考问题、学会解决问题。

8.2 农村公路实体质量控制要点

8.2.1 路基施工质量控制

1)路基填料质量控制要点
(1)砂:要求坚韧耐磨、有害杂质含量低、清洁,而且表面粗糙有棱角,砂率要符合要求。

(2)碎石:要求质地坚硬、耐久、洁净、级配符合规范。

(3)要控制填料粒径大小和强度,要重视填料的含水率控制。

2)路基挖方质量控制要点

(1)在开挖路基中,采取自上而下的开挖方式,确保开挖深度合理,开挖工程量满足要求,并严禁乱挖或超挖。如果路面比较平稳、路堑较短,可以进行全断面开挖。在土石方开挖时,可采用横向台阶式开挖方法。对于土质和石质相结合路段,可采用纵向台阶式开挖施工方法。如果是较陡、较高的路段,常用分层开挖施工方式。

(2)土方开挖时还要注意高程控制,并考虑农村公路路基施工规范要求和下沉量,通过试验合理确定高程,动态控制工程施工高程,准确把握压实的下沉量。

(3)根据土方开挖高度的不同,采用分台阶方式开挖,并合理控制开挖深度,通常在 1.5~2.0m 为宜。

(4)在开挖石方路基中,施工人员要采用适宜的钻机有序进行打眼、钻孔作业,动态控制钻孔直径,不能超过规定的范围,可以采用梯段式和台阶式开挖石方路基,要避免出现返工现象。

3)路基填筑压实质量控制要点

(1)在石方路基填筑施工中,施工人员可以采用"分层填筑、分层压实"的方法,但必须控制好每层松铺厚度,必须小于50cm。在填筑过程中,施工人员要根据石料风化程度进行分层填筑与压实,利用细料嵌缝,再进行碾压。施工人员必须控制好石料粒径与强度,粒径必须小于层厚的2/3,并控制分层厚度。

(2)土方填筑采用分层填筑方式施工,每层厚度控制在30cm以内,但也不得低于10cm。预留2%~3%的横坡度,有效预防路面积水现象发生。每层摊铺的填料宽度应高于路堤设计宽度约30cm,这样有利于保证路基边缘的压实度。

(3)路基压实控制主要包括碾压夯实质量的控制和路基土层含水率控制。在压实过程中要根据施工的实际情况选择合理的压实机械,对压实的次数进行严格控制,对路基的压实度进行实时监测。在施工过程中,施工人员要根据相关规定,每铺筑一层之后就要合理检测对应的压实度,必须在达到相关要求之后,才能进行下一层铺筑。

(4)铺摊过程中,施工人员要合理控制每层填筑材料的宽度,必须大于每层路堤设计宽度,即30cm,并确保路基边缘压实度达到相关要求。

(5)直线段路基从边缘向内侧碾压,曲线段路基从内侧向边缘碾压,按照正确的碾压顺序施工。坚持"先慢后快,先弱后强"的原则,顺利完成初压、复压和终压。碾压速度控制在 1.5~2.5km/h 为宜,并确保碾压连续、均匀进行,中途不得任意停顿或紧急制动,以保证土方碾压施工效果。

4)路基其他质量控制要点

路基施工前要进行试验检测,掌握施工材料综合性能,确保材料质量合格。加强施工队伍建设,严格按要求开展路基施工。注重新技术和新工艺应用,提高路基工程建设质量。

路基中如果含水率过高,公路经过碾压之后非常容易出现裂缝或者塌陷的现象,影响公路的使用情况。为了延长公路的使用寿命,应该设置一个完善的排水系统,防止雨水对路基的侵蚀。

8.2.2 二灰碎石基层质量控制

1)原材料要求

各原材料进场前应及时通知监理单位,以便监理人员对意向料源进行取样送检。

(1)石灰:一般采用生石灰,使用前应送检(检测有效钙和氧化镁含量),施工时要充分消解7日以上;石灰消解后露天堆放时间不宜过长,一般不宜超过15日,堆放时间较长时,应覆盖封存。

(2)粉煤灰:目前市场上劣质粉煤灰较多,建议使用前送检。

(3)混合料中碎石最大粒径不应超过 37.5mm,集料压碎值不大于35%。

2)配合比

(1)委托有公路试验检测资质的单位进行二灰碎石基层配合比设计。

(2)二灰碎石的经验重量配合比为石灰∶粉煤灰∶碎石 = 5∶15∶80。

3)摊铺要点

(1)农村公路二灰碎石混合料一般采用机拌或堆拌,配合比按重量比或体积比控制。

(2)二灰碎石混合料一般采用摊铺机摊铺;由于施工环境等原因制约而采用人工摊铺的,应采取二次修整方式。第一次修整:按松铺系数放样布料,拉线整平,压路机静压1~2遍;第二次修整:拉线检查平整度,对局部高低不平处、粗细料集中等质量问题进行修整,压路机碾压成型。

(3)严格控制厚度:摊铺机摊铺松铺系数一般为1.25~1.30;人工摊铺松铺系数一般为1.3~1.35。

(4)二灰碎石最佳含水率为±2%时进行碾压(最直观的检测方法为目测:混合料表面呈现潮湿状态,碾压时不粘轮),一般在24h内完成,并不得超过48h。18-20T振动压路机静压1遍,轮胎压路机碾压2遍,振动碾压4遍。碾压要求:先轻后重,由边到中,碾压应重叠1/2轮宽,头两遍采用低速1.5km/h,以后采用2km/h的碾压速度,如碾压过程中表面水分蒸发过快,需补洒水。碾压过程中如有松散现象,应重新翻开重新拌和(加适量水泥)或其他方法处理。

4)养护及交通管制

二灰碎石基层用土工布覆盖,洒水养护7~14d,在整个期间应始终保持二灰碎石基层表面潮湿,在养护期禁止车辆通行。

8.2.3 水稳碎石基层质量控制

1)原材料要求

(1)水泥:普通硅酸盐水泥(以送试验室水泥配合比的水泥为准,一般用袋装水泥)。

(2)碎石和石屑含泥量应控制在规定范围内,混合料中碎石最大粒径不应超过37.5mm,集料压碎值不大于35%。

2)配合比

(1)委托有公路试验检测资质的单位进行水泥稳定碎石基层配合比设计。

(2)水泥稳定碎石基层的水泥含量应控制在5%左右。

3)摊铺要点

(1)一般采用摊铺机摊铺,由于施工环境等原因制约而采用人工摊铺的,质量控制方法同上。

(2)严格控制厚度:摊铺机摊铺松铺系数一般为1.25~1.30;人工摊铺松铺系数一般为1.3~1.35。

(3)采用拌和楼拌料,运输自卸车装车时要清扫车辆,并覆盖篷布,设专人指挥运输车卸料。拌和的混合料要及时摊铺碾压,一般在水泥初凝前完成摊铺。严禁用薄层贴补方法进行找平,如局部低洼,可采用翻松,添加新鲜混合料再进行碾压(碾压工序同上)。

4)养护及交通管制

水泥稳定碎石基层用土工布进行覆盖,在此阶段内要求基层表面始终处于湿润状态。养护时间为7d,在养护结束的基层上,若不能及时铺筑面层,则应进行下封施工,并限制车辆通行。

8.2.4 水泥混凝土路面质量控制

1)质量控制要点

根据以往农村公路质量管理的经验,对水泥混凝土路面质量控制要点可归纳为"三严、二管、一把握",即:严格控制原材料的质量和混合料的配比、严格控制面板厚度、严格控制振捣、提浆、抹面环节,加强养护管理、加强交通管理,把握切缝时间。

(1)严格控制原材料的质量和混合料的配比。

碎石应质地坚硬,符合规定级配,最大粒径不应大于31.5mm;河砂的含泥量不大于3%,且洁净、坚硬;水泥必须送检测单位试验检测合格后才能用于路面施工,采用强度等级不低于42.5级的硅酸盐水泥或普通硅酸盐水泥。鉴于农村公路基本上采用小型机具施工,无电子计量设备,为便于水泥用量控制,建议采用袋装水泥;水泥存放要注意防潮,宜在1个月内使用,最长不宜超过3个月,对于受潮或硬化(失效)的水泥要坚决废弃。

施工前委托有公路试验检测资质的单位进行水泥混凝土配合比设计,水泥混凝土施工配料应采用重量法,在施工前对配备的计量设备应进行校验。未配备计量设备的,则根据施工配合比做好各档材料的称量,在上料设备上做上标记加以控制。

配合比控制得好与差,将直接影响面板的强度和使用寿命,在施工质量管理中,此项工作是路面质量好与差的关键控制。

混凝土拌和应严格控制用水量,在实际施工中,施工班组往往为偷工或施工便利,加大用水量,最直观的检测方法为目测,即:在到达摊铺点时,观察料车中混凝土的形态,石子悬浮在水泥浆表面为最佳,表面为一层浮浆应弃用或回拌。

在施工中严禁加水和水泥,否则将产生起砂或起壳现象,在这方面一些项目有深刻教训。

混凝土面板的经验配合比为100kg 42.5级水泥:170~185kg 砂:310~340kg 碎石:40~45kg 水(1:1.70~1.85:3.1~3.4:0.40~0.45)。

拌和设备旁应设置混凝土配合比标识牌,尺寸:40cm×60cm,铁皮材质。

(2)严格控制面板厚度。混凝土施工钢模的高度必须与混凝土面板设计厚度一致。在同等交通量情况下,面板的使用寿命与厚度成正比,在施工过程中,厚度控制至关重要。

(3)严格控制振捣、提浆、抹面环节。

振捣:采用插入式振捣棒、平板振动器和振动梁配合进行振捣成型。注意不得漏振、过振。要点:振捣工作很重要,先后次序不可少;振捧轻重慢慢提,角度深度掌握好;平板振动两人拉,先后重叠不过振;振梁放在侧模边,表面拖拉2、3遍;缺料部位及时补,高出部位要铲除。

提浆、抹面:振捣作业完成后,进行整平工作。首先用滚筒提浆整平,再使用抹面机往返2、3遍,间隔时间夏季一般为10~20min,其他季节一般为20~30min,最后用抹刀进行精抹饰面。要点:滚动提浆是关键,振动完毕就整面;开始短距缓慢滚,然后长距滚2遍;滚平以后再抹平,机抹进行2、3遍;间隔时间不可短,精抹饰面要做好。

(4)加强养护管理。混凝土成型后应及时养护,养护应保证混凝土表面受到全面覆盖,并始终保持潮湿,防止和避免混凝土路面断板。养护一般为14~21d,热天不少于14d,冷天不少于21d,前7d混凝土强度增长最快,应特别注意加强养护。养护不到位,将大大降低面板强度,影响使用寿命。

(5)加强交通管理。养护期间和填缝前严禁车辆和行人通行,开放交通时间:行人为3~5d,车辆为28d。

(6)把握切缝时间。切缝时间控制不好容易产生早期裂缝,混凝土面板要按施工规范要求及时切缝,切缝深度为5~7cm,混凝土养护期满后,应及时灌缝。

(7)其他:根据浙江省气象资料,水泥混凝土路面施工黄金期为4~10月,其他月份不建议施工。

2)施工设备

采用小型机具施工的,必须配备表8-1所列施工设备。

表8-1 水泥混凝土施工设备

拌和设备	运输设备	振捣机具	整平饰面机具	抗滑构造设备	缩缝构造设备
强制或自落式搅拌机	自卸汽车	插入式振捣棒、平板振捣器和振动梁	提浆滚杆、叶片式或圆盘式抹面机、3m刮尺和抹刀	滚筒纹理机或压槽机或硬刻纹机	切缝机

3)夏季施工要点

(1)夏天施工使用低热水泥,禁止使用R型早强水泥;在满足工作性要求的前提下,严格控制用水量;

(2)缩短运输和施工时间,路床要洒水;

(3)气温高时,避开中午施工,防止因温度影响而引起缩缝;

(4)及时掌握气象情况,做好防雨、防台措施;

(5)加强混凝土路面养护。

4)冬季施工

根据农村公路常见施工队伍的实力及施工水平,不建议混凝土路面在冬季施工。

8.2.5 沥青混凝土路面质量控制

沥青混凝土面层质量控制要点:

(1)摊铺前应对下承层进行清扫,表面不可积水;

(2)雨天不可进行沥青混凝土路面施工;

(3)严格控制厚度,采用摊铺机摊铺,其松铺系数一般为1.15~1.25;

(4)严格控制路面的宽度和平整度;

(5)严格控制摊铺和碾压的温度,遭雨淋或冷却的混合料不可摊铺,应废弃;

(6)开放交通:自然冷却后,混合料表面温度低于50℃时可开放交通,需要提早开放交通时,可洒水冷却降低混合料温度;

(7)沥青混凝土施工温度控制(正常施工)。

在施工准备阶段,要根据施工定额和设计图纸确定好沥青的种类和数量,按照批准的施工组织设计的进度计划做好材料准备工作,项目部需切合实际情况建立材料质量管理制度,并严格执行。

1)沥青混合料的拌和及运输。

沥青混合料的拌和要按材料分类决定不同的拌和时间和拌和量。首先要严格按照规定的配合比进行配料,以及重视对计量器具的定期校验。对沥青、粗集料、细集料等材料严格把关,质量符合规定要求,如含泥量不能超过规定值,磨耗值在规定范围内,黏结力符合要求等。其次,控制好拌和时间和温度。混合料搅拌时间要分别满足不同材料对总拌和时间和净拌和时间的要求,还要有温度控制措施,在储料仓内温度下降不应超过10℃。对于拌和量要根据沥青的种类合理控制,随拌随用。最后,注意运输过程中的保温防雨,并采取防止污染环境的措施,严禁抛洒、裸露、淋雨等。

2)摊铺沥青混凝土。

做好试验段的施工工作,施工试验段可为以后施工提供许多现场的技术参数,如面层的铺装厚度、压实遍数、初压温度、终压温度等。当前沥青混凝土路面施工活动通常都采取摊铺机施工,施工人员应在摊铺工序前对下一层进行认真勘测,根据施工标准进行施工。

3)碾压沥青混凝土。

在碾压沥青混凝土时,需安排专门的施工人员测试温度,温度过高或过低都会影响施工质量。当摊铺施工完成后,待温度达到相应标准,就可对沥青混凝土进行碾压,碾压过程中应采用多次碾压方式,必须要经过初压、复压和终压等阶段。

8.2.6 桥梁工程质量控制

1)钢筋工程

(1)钢筋材料检查,按60t每批次的频率,对每批进场钢筋抽检。抽检的项目包括:强度、伸长量、冷弯、焊接试件等试验项目。抽检合格后,方可加工并用在工程上。应将钢筋表面的浮皮、泥浆、鳞锈清除干净。

(2)各种钢筋接头的检查。

各种钢筋接头的搭接长度,如绑扎搭接及各种焊接接头有不同的搭接长度,应按规范要求的标准检查验收。钢筋接头一般采用焊接方式,尤其是直径大于或等于25mm的钢筋,搭接和帮条电焊弧接头应尽量做成双面焊。

2)混凝土工程

(1)检查混凝土的支架和模板,整个工作架应有足够的强度、刚度和稳定性。检查现场浇筑或预制构件用的模板时,要首先检查材料的质量。

(2)钢筋入模。

钢筋绑扎结束后,应注意检查钢筋有无遗漏,垫块是否垫好,钢筋骨架支撑是否支撑牢固,钢筋表面是否洁净,有无沾染油脂或脱模油迹,如有应先除净。还要检查模板中有无杂物,是否已清理干净,最后装好封模。

3)钻孔灌注桩施工要点

(1)检查护筒埋设。护筒结构、尺寸及埋设应符合要求,护筒长度应适应地层的情况且应保证孔口不塌为限,一般不小于2m,软基地层应增加护筒长度。

(2)钻孔、清孔的检查认可。开钻前,应对钻盘中心进行再次复核后才能开钻。开钻前应检查钻头高度、直径、钻杆长度、钻架有无倾斜、位移,护筒有无位移。

以上各项检查结束后,可以沉放钢筋笼和导管,在灌注混凝土前,要重测孔深,并计算沉淀层厚度,在沉淀层厚度超标时,必须重新清孔,直到合格为止。

(3)钢筋笼的制作和安装的检查。必须按照设计图纸配筋,钢筋笼的绑扎、焊接应符合规范规定的要求,钢筋笼应在沉放前分段制作。

(4)水下混凝土灌注的旁站监理。灌注混凝土之前,结构监理工程师应到现场检查各项准备工作,认可后才允许灌注。在灌注过程中,应保证混凝土灌注连续进行,不得中断。灌注结束时应检查混凝土的超灌高度,混凝土顶面应高于设计高程70~100cm。

4)桥梁下部结构墩台施工要点

墩柱、承台(系梁)、墩台、盖梁(桥台)等桥梁下部工程是钢筋混凝土结构,具有相同的监理工作流程。钢筋混凝土墩柱、承台(系梁)、墩台、盖梁(桥台),其具体施工要点如下:

(1)承台或系梁施工。桩基础结束后开挖基坑,基坑开挖的尺寸应能满足钢筋绑扎与支立模板的要求。破除桩头到设计高程,检查桩顶混凝土应密实、色泽新鲜,并对桩位进行测量。应在基底浇筑一层10~15cm素混凝土垫层,抹平后作为承台底模。混凝土浇筑,要求承包人在浇筑前配备满足浇筑的拌和和运输能力。

(2)立柱或台身施工。当承台或系梁施工结束后即可进行立柱或台身的施工。钢筋绑扎按图施工,要求牢固、准确,并注意检查保护层厚度。为保证构造物的外观质量,要求承包人必须用钢模板,采用正规的脱模剂,严禁使用废机油或柴油作脱模剂。混凝土浇筑时,如浇筑高度超过2m时应配串筒或溜槽下料,防止混凝土直接倾倒产生离析而影响质量,混凝土浇筑结束后应及时养护。

(3)墩台帽施工。墩台帽施工可采用支架施工或利用立柱预留支撑点的无支架施工。无支架施工应验算钢横梁(工字钢)的挠曲变形,支撑点的承载能力。

(4)混凝土浇筑。混凝土浇筑前检查施工缝的清理是否合格。浇筑过程中,检查振捣时间和铺层厚度,防止漏振和过振,倾倒混凝土时防止混凝土离析。浇筑过程中,应随时检查模板、钢筋、预埋件在施工过程中是否发生移动和变形。

5)预制板、T梁吊装与桥面铺装施工要点

(1)安装施工要点,安装前应检查墩台支座垫层表面及梁板底面是否清理干净。检查支座下设置的支承垫石,混凝土强度应符合设计要求,顶面高程应准确,表面平整。预制梁就位后应妥善支撑,梁与梁之间暂用预埋筋或钢板连接,保证梁体安装就位后的稳定。

(2)桥面铺装施工要点,桥面系施工前应先检验梁顶面高程,桥面系所有新旧混凝土结合面都应进行凿毛处理并冲洗干净,必须要求在完成横向联结钢板焊接后才可进行桥面铺装工作。水泥混凝土桥面铺装前,应检查伸缩缝的预留槽口,预埋筋的埋设,桥面连续缝装置及预埋排水,照明管线等。混凝土养护是桥面铺装混凝土的关键环节,必须及时养护,并严格按规范规定的要求办理。

8.2.7 交通安全设施质量控制

1)施工材料质量的控制

公路交通安全设施施工材料的质量控制,需首先明确质量管理的内容和方向:首先,对于施工现场的材料,应检查材料是否适用,同时检查产品的质量性能规格和数量等。同时对材料供应商进行能力评估,确保材料的质量。其次,安全设施施工的原材料和半成品来源,需进行科学检验,只有经过检验,才可以用于工程之上,否则不能应用。最后,应该对原材料和半成品进行随机抽样,只有材料和半成品经过了随机抽样的检查,才可以继续使用。如果发现任何质量问题,应该马上停工,停止使用出现问题的材料或者半成品,并追寻问题的源头,杜绝问题材料或半成品重新进入安全设施施工工程之中。进场材料构件的质量对交通安全设施的质量起到控制性作用,如标志牌、波形梁护栏、隔离栅等的质量隐患往往不是出现在安装过程中,而是出现在进场构件的质量上。

如交通标志和标线材料的反光性能、防撞护栏和隔离栅的防撞性和防腐性等,都必须达到一定的要求标准,才能发挥其应有作用。因此,在交通安全设施工程施工时要加强对原材料的质量控制,检查产品合格证书,对材料的外观、尺寸、厚度、防锈处理等进行现场试验或试验室检验,保证原材料在型号和质量上符合交通安全设施工程施工需求。

2)施工过程的质量管理

对于施工过程中的施工质量管理也是重点,对于施工工艺的管理,可以避免由于人为的错误造成工程上的损失。

(1)交通标线。

交通标线的涂画应选择在干燥的天气进行施工。施工过程中要严格遵照施工图纸的规划,控制线条流畅圆滑。在线条位置,应该提前进行检查,防止存在异物,最后进行清洗路面。

(2)交通标志。

交通标志起到了提供道路信息和组织引导交通流的作用,在整个公路工程中起到至关重要的作用。在交通标志的架设中,应注意具体位置的架设,防止人工操纵失误,造成质量出现问题,导致安全设施质量出现问题。

(3)隔离栅栏。

隔离栅栏作为交通安全设施中防止动物等进入公路,造成事故,在施工时,按照设计要求将隔离栅栏焊接在立柱端部、端柱,纵向张铺拉紧,不能存在翘面或者凹凸现象。

(4)护栏。

目前公路采用最多的是波形梁护栏,这种护栏主要利用立柱土基和衡量变形来吸收能量,以强制性的方式改变车辆的方向,迫使车辆正常行驶。在施工过程中,应该注意安装顺序,并对已经安装完成的部件进行合理调试,防止出现变形等情况。

(5)防眩板。

其结构比较简单,只需通过放样安装支架,然后安装防眩板并调整防眩板线形,并将结构支撑安装在中间分隔板的护栏上。防眩板很少出现质量问题,所以安装等程序最为简单。

3)强化工序流程控制

在交通安全设施工程施工中,要重点对工序流程进行严格控制,针对不同的交通安全设施制订不同的工序流程,并对各个工序环节制定科学合理的要求标准,使工程施工严格按照工序流程进行,保障工程施工质量。对于交通标志施工工序,要先进行基础定位放样,其次开挖基坑,在基坑中进行基础混凝土浇筑,最后安装标志立柱和标志板;对于交通标线的施工工序,首先要放样,清理路面,其次要划底漆,最后再划标线,中间的工序流程不能省略。

8.2.8 隧道工程质量控制

(1)开挖质量控制。隧道施工中开挖施工是重要施工环节,并对整体的隧道安全性以及施工效率有直接影响。作为整体的隧道工程施工,在开挖施工过程中的质量控制十分注重方法的科学性。重视开挖断面以及超欠挖的质量控制,在爆破的质量控制中,采取科学化的爆破方法,通过目测法来对开挖的轮廓进行简单检验,注意出渣量的实际测量,通过比对进行设计衬砌混凝土量,实现超欠挖的质量控制。

(2)排水系统质量控制。隧道的施工过程中,排水系统的施工设计比较关键,要加强施工材料和施工工艺的质量控制。注重对防水层的材料质量检测环节,以及材料的安装检验环节。对防水层的抗破坏性能以及耐老化的能力进行检测,保障防水材料的应用质量。在防水接头的控制方面,要对接头的宽度以及焊接的牢固程度加强控制,要能严格按照施工的标准,将构件的施工质量误差控制在允许范围内。

(3)隧道支护施工质量控制。在隧道施工中,支护施工比较重要,这也是施工的难点。隧道支护施工主要是通过钢支撑进行加固处理,要充分重视这一环节的质量控制。对支撑构件的强度以及刚度和尺寸要严格按照施工的标准进行控制。在支护的质量检测方面,支撑钢架稳定性的控制要牢固,对构件以及岩层的结合性要牢固,在支护安装的控制中,长度以及挖孔的深度要科学把握。

(4)衬砌阶段的质量控制。衬砌工作在整个隧道施工工作中占有极高的地位,岩石松动可以导致隧道断面变形,继而引起惨重的安全事故,威胁人们的生命财产安全。工作人员在进行该方面的质量控制工作时需要严格检查断面周围的岩石,保证不会引起二次衬砌裂缝,避免发生安全事故。

第9章 农村公路施工安全生产控制

农村公路施工安全生产控制(安全控制),应明确安全控制的范围、要求,从内容看,安全控制包括施工安全技术措施、施工安全控制要点、施工安全专项方案和应急救援预案的编制。

9.1 施工安全技术措施

施工安全技术措施主要包括:进入施工现场的安全规定;地面及深坑作业的防护;高处及立体交叉作业的防护;水上、陆地作业安全要点;施工用电安全;机械设备的安全使用;为确保安全,对于采用的新工艺、新材料、新技术和新结构,制订有针对性的、行之有效的专门安全技术措施;预防自然灾害(防台风、防雷击、防洪水、防泥石流、防地震、防暑降温、防冻、防寒、防滑等)的措施;防火防爆措施。施工安全技术措施内容必须符合现行安全生产法律、法规和安全技术规范、标准。

9.2 施工安全控制要点

9.2.1 高空作业安全控制要点

按照现行《高处作业分级》(GB/T 3608),将高处作业的高度表述为:作业区各作业位置至相应坠落高度基准面之间的垂直距离中的最大值,称为该作业区的高处作业高度。凡在坠落高度基准面2m以上(含2m)有可能坠落的高处进行的作业,均称为高处作业。

(1)每个工程项目在编制施工组织设计和施工方案时,要列入该项目所涉及高处作业的各项安全措施,并要尽量采取地面作业,减少各种高处作业。

(2)在进行施工以前,应该由工程项目技术负责人,逐级向有关人员做好安全技术交底。高处作业人员在各项安全技术措施和人身防护用品未解决和落实之前,不能进行施工。对各种用于高处作业的设施和设备,在投入使用前,要一一加以检查,经确认完好后,才能投入使用。

(3)在高处施工采取新技术、新工艺、新材料、新设备时,要提前对相关人员进行安全技术培训与交底;架子工、结构安装工等从事的攀登和悬空作业,危险性都比较大,因而要求对从事这些作业的人员进行培训,并要通过相应的考试,取得合格证后方可上岗。

(4)高处作业的脚踏板应用坚实的钢拉板或木板铺满,不得留有空隙或探头板,脚踏板上的油污、泥沙等应及时清除,防止滑倒。

(5)高处作业应按规定挂设安全网(立网和平网),安全网内不许有杂物堆积,破损的安全网应该及时予以更换。

(6)作业平台的承重必须满足施工荷载的要求,不得多人集中在作业平台的某一部位进行作业,以防发生突然断裂,坠落伤人。

(7)高处作业操作平台的临边应设置防护栏杆,防护栏杆的高度不应低于1.2m,水平横挡的间距不大于0.35m,强度满足安全要求。

(8)高处操作平台必须设置供作业人员上下的安全通道和扶梯,平台严禁超载,平台架体应保持稳固。

(9)操作平台的临边外侧下方是交通通道时,敞口立面必须设置安全立网做全封闭处理,并设置限宽、限高、限速的安全标示牌和防撞设施。

（10）在高处进行预应力张拉作业前，必须搭置可靠的张拉工作平台，若在雨天作业，还应架设防雨篷，张拉钢筋的两端要设置安全挡板，并在张拉作业平台上设置明显的安全标志和操作规程，禁止非操作人员在张拉作业时进入张拉施工区。

（11）高处作业拆除的模板及剩余物料应及时清理运走，不得随意乱置，严禁向下丢弃物料，传递物件时，不得抛掷。

（12）高处作业的挂篮、支架、托架、模板及操作平台等应由专业技术人员进行单项设计，其设计图纸、设计计算书、操作规程、技术交底等需上报主管部门审核，批准后实施，经验收合格后方可投入使用。

（13）高处作业临时配电线路按规范架（敷）设整齐；架空线必须采用绝缘导线，不得采用塑胶软线；高空作业现场按要求使用标准化配电箱，箱内应安装漏电保护器，下班应切断电源，锁好电闸箱，电闸箱要有可靠防雨设施。

（14）桥梁主塔（墩）塔身高于30m时，应在其顶端装设防撞信号灯，主塔还应采取防雷措施，并设置可靠的防雷电装置。遇雷雨时，作业人员应立即撤离危险区域，任何人员不得接触防雷装置。

（15）作业人员在上下交叉作业时，不得在同一垂直面上。下层作业人员应处于上层作业人员和物体可能坠落的范围之外。当不能满足要求时，上下之间应设置隔离防护层。

（16）在高处进行电焊作业时，作业点下方及电焊火星涉及范围内，必须彻底清除易燃、易爆物品，作业现场要备置消防器材，严禁电焊人员将焊条头随手乱扔。

（17）高处进行模板安装和拆除作业时，要按设计所确定的顺序进行，作业面及操作平台下方不得有人员逗留、走动和歇息。

（18）拆除工程应自上而下进行，先拆除非承重部分，后拆除承重部分，严禁立体交叉或多层上下进行拆除，严禁疲劳作业，并派专人负责现场的安全监护。

（19）在拆除龙门架、托架、钢支架等重物时，应有起重机械配合进行，并有专人指挥。指挥人员应信号明确。吊物要稳吊轻放，不得采取"整体推倒法"。

9.2.2 水上作业安全控制要点

（1）水上工程施工应严格按照《中华人民共和国海上交通安全法》《中华人民共和国内河交通安全管理条例》《中华人民共和国水上水下活动通航安全管理规定》及其他有关规定，制订相应的施工安全措施。

（2）在船舶通航的大江、大河、大海区域进行水上施工作业前，必须按《中华人民共和国水上水下施工作业通航安全管理规定》的程序，在规定的期限内向施工所在地海事部门提出施工作业通航安全审核申请，批准并取得水上水下施工许可证后，方可施工。

（3）水上作业施工前，应了解江、河、海域铺设的各种电缆、光缆、管道的走向，按规定采取有效措施予以保护，防止电缆、光缆及水下管道遭到损坏。

（4）项目应制订水上作业各分项工程安全实施方案和水上作业安全技术措施，防止施工便桥、平台、护筒口、模板施工低于水位，影响施工和行洪；对参加水上施工作业人员必须进行水上作业的安全知识教育和专项技术培训，并做好安全交底工作。

（5）水上施工必须在作业人员必经的栈桥、浮箱、交通船、水上工作平台、临时码头上配备安全防护装置和救生设施。

（6）进行水上夜间施工时，要有充足的灯光照明，尽量避免单人操作，特别是电焊作业时，最少安排两人相互监护。

（7）施工项目要与地方气象部门、海事部门建立工作联系，及时了解和掌握施工水域的气候、涌潮、浪况、潮汐、台风等气象信息，正确指导安全施工。

（8）作业人员进入水上作业时，必须穿好救生衣，戴好安全帽。乘坐交通船上下班时，必须等船停稳后,方可从指定的通道上下船。严禁从船上往下跳跃,防止拥挤、推拉、碰撞、摔伤或滑落水中。

(9)作业人员乘坐交通船必须有序上下,乘员必须穿救生衣入舱。航行途中乘船人员不得随意走动或倚靠船舷,严禁打闹、嬉戏及随意动用交通船上的救生用具和消防器材。

(10)参加水上施工的船舶(打桩船、浮吊、驳船、拖轮、交通船)必须证照齐全,按规定配备足够的船员,船舶机械性能良好,能满足施工要求,并及时到海事监督部门签证。

(11)在浮箱上作业时,要注意来往船只航行时引起的涌浪造成浮箱颠簸,致作业人员摔伤或被移位物体碰撞、打击,造成伤害。

(12)航道水域上下游各布置一警示标牌,警示过往船舶不得随意进入施工航道。临时施工栈桥设置警示防雾灯,通航口位置设置导航灯,防止过往船舶撞击。

(13)遇有6级以上大风、大浪等恶劣天气时,应停止水上作业。

9.2.3 临时用电安全控制要点

(1)施工现场的电工、电焊工属于特种作业工种,必须按国家有关规定经专门安全作业培训,取得特种作业操作资格证书,方可上岗作业。

(2)施工现场的临时用电必须采用 TN-S 接地、接零保护系统。即具有专用保护零线(PE 线)、电源中性点直接接地的220/380V三相五线制系统。

(3)施工现场临时用电必须按"三级配电二级保护"设置。

(4)施工现场的用电设备必须实行"一机、一闸、一漏、一箱"制,即每台用电设备必须有自己专用的开关箱,专用开关箱内必须设置独立的隔离开关和漏电保护器。

(5)施工现场架空线采用绝缘铜线,架空线应设在专用电杆上,并与地面保持足够的安全距离。

(6)在变压器、电闸箱等用电危险地方,应挂设安全警示牌。如"有电危险""禁止合闸,有人工作"等安全标识。

9.2.4 特种设备安全控制要点

特种设备的安全控制范围包括:特种设备的购买、租赁与安装;特种设备持证情况,包括设备的出厂合格证、检验合格证、使用地报检合格证、操作人员特殊工种证等;特种设备的保养、维修、使用、检验检查记录;操作人员安全教育、技术交底等。

(1)特种设备安全管理必须按照《特种设备安全监察条例》(国务院令第549号)的有关要求制订相应的安全管理措施。

(2)塔式(门式)起重机、施工电梯、物料提升机等施工起重机械的操作人员、指挥、司索人员等作业人员属特种作业,必须按国家有关规定经专门安全作业培训,取得特种作业操作资格证书,方可上岗作业。

(3)起重机械在安装、拆卸、加高作业前,应根据作业特点编制专项施工方案,并进行方案及安全技术交底。

(4)起重吊装作业时周边应置警戒区域,设置醒目的警示标志,防止无关人员进入。

(5)起重吊装作业过程必须遵守起重机"十不吊"原则。

9.2.5 路基工程施工安全控制要点

(1)建立健全路基施工安全保障体系。项目经理部应建立健全路基施工安全保障体系,全面落实安全生产责任制,建立相应的安全生产预防、预警、预控、安全检查、隐患排查、事故报告与处理、应急处置等安全生产保障措施。现场技术负责人在开工前必须对作业工人进行详细安全交底。施工人员必须按安全技术交底的要求进行作业。

(2)施工现场内的坑、沟、水塘等边缘应设安全护栏,场地狭小,行人和运输繁忙的地段应设专人指挥交通。开挖深度超过2m时,特别是在街道、居民区、行车道附近开挖土方时,不论深度大小都应视为高处作业,并设置警告标志和高度不低于1.2m的双道防护栏,夜间还要设红色警示灯。

(3)路基施工机械设备应有专人负责保养、维修和看管。各种机械操作手、电工必须持证上岗,同时应经常加强对驾驶员、电工及路基作业人员的安全教育。

(4)路基施工现场必须做好交通安全管理工作。夜间施工,路口、边坡顶必须设置警示灯或反光标志,并派专人管理灯光照明。

(5)现场操作人员必须按规定佩戴个人安全防护用品,机械燃料库必须设置消防防火设备。

(6)施工现场易燃品必须分开放置,保证一定的安全距离。

(7)挖土应从上而下逐层挖掘,土方开挖应遵循"开槽支撑,先撑后挖,分层挖掘,严禁掏(超)挖"的原则,在靠近建筑物、电杆、脚手架附近挖土时,必须采取安全防护措施。

(8)开挖沟槽坑时,应根据土质情况进行放坡或支撑防护。挖掘深度超过1.5m,且不加支撑时,应按规定确定放坡度或加设可靠支撑。土方坡度为1:1,石方坡度为1:0.5。若施工区域狭窄不能放坡时,应采取围壁措施。同时,固壁支撑的材料不能有朽、糟、断裂现象。

(9)在开挖的坑(沟、槽)边沿1m以内不许堆土或堆放物料;距沟槽坑边沿1~3m堆土高度不得超过1.5m;距沟槽坑边沿3~5m堆土高度不得超过2.5m;在沟槽坑边沿停置车辆、起重机械、振动机械时距离不少于4m。

(10)当机械配合挖土、清底、平地修坡等作业时,作业人员不得在机械回转半径以内作业。

9.2.6 沥青路面工程施工安全控制要点

(1)从事沥青作业人员均应进行体检,凡患有皮肤病、结膜炎及对沥青有过敏反应者,不宜从事沥青作业;沥青加热及混合料拌制,宜在人口较少、场地空旷的地段进行;沥青作业人员皮肤外露部分应涂防护药膏;工作服及防护用品应集中存放,严禁穿戴回家和存入宿舍;施工现场应配有医务人员。

(2)块状沥青搬运宜在阴天或夜间进行。避免炎热季节搬运;搬运时,必须有相应防护,如帆布手套、工作服、坎肩等;液态沥青用液态沥青车运送,沥青车满载运行时,遇到下坡或弯道时要提前减速,避免紧急制动。沥青装载不满时,应始终保持中速行驶。

(3)人工装卸桶装沥青时,运输车应停在平坦地段,并拉上手闸;跳板应有足够的强度,坡度不宜过陡;放倒的沥青桶经跳板上下滚动装卸时,要在露出跳板两侧的铁桶上各套一根结实的绳索,收放绳索要缓慢,两端同步上下。

(4)沥青混合料摊铺作业时,摊铺机驾驶台及作业现场要视野开阔、清除障碍物,作业时无关人员不得在驾驶台上停留,驾驶员不得擅离岗位。

(5)运料车向摊铺机卸料时,应同步进行,动作协调,防止互相碰撞,驾驶摊铺机应平稳,弯道作业时,熨平装置的端头与路缘石的间距不得小于10cm,以免发生碰撞。

(6)自卸汽车与摊铺机联合作业,应紧密配合,以防碰撞。撒布碎石,车速要稳定,不应在撒布过程中换挡,换挡必须在摊铺机完全停止后进行,严禁强行挂挡和在坡道上换挡或空挡滑行;熨平板预热时,应控制热量,防止因局部过热而变形。

(7)在沥青摊铺作业中应设置施工标志,用柴油清洗摊铺机时,不许接近明火。

(8)沥青混合料运输车辆状况应良好,使用前应对制动、自卸系统进行检查,车斗密封,后挡板牢靠,不许站在运输车后用铣等工具往下捅沥青混合料。

(9)沥青拌和楼的各种机电设备,包括使用微型电子计算机控制进料的控制室,在运转前均应由电工、机工、计算机操作人员进行仔细检查,确认各部位正常完好后才能合闸运转。

(10)拌和楼机组投入运转后,各岗位人员要随时监视各部位运转情况;运转过程中,如发现有异常情况时,应立即报告机长,并及时排除故障;停机前应首先停止进料,等烘干筒等各部位卸料完成后,方可停机,再次启动时,不得带荷启动。

(11)料仓卸料时,严禁人员从斗下通过,沥青拌和楼的各部位需经常检查、维修,并配备消防器材。

9.2.7 水泥混凝土路面施工安全控制要点

(1)使用小型翻斗车或手推车装混凝土时,车辆之间应保持一定的安全距离,混凝土运输车运送时要遵守交通规则;当传动系统出现故障、液压油输出中断导致滚筒停转时,要利用紧急排出系统快速排出混凝土拌合料;自卸汽车运送混凝土时,不得超载和超速行驶,车停稳后方可顶升车厢卸料,车厢尚未放下时,操作人员不得上车去清除残料。

(2)人工摊铺作业在装卸钢模板时,必须逐片轻抬轻放,不得随意抛掷,多人同时操作摊铺时,因工作面小,长把工具多,应相互关照、注意安全;使用电动振捣器时,作业人员应佩戴防护用品,配电盘(箱)的接线宜用电缆线,绝缘良好。

(3)采用轨道式摊铺机进行混凝土摊铺作业时,布料机和振平机之间应保持5~8m的安全距离,作业中要认真检查布料机传动钢丝的松紧是否适度,不得将刮板置于与运行方向垂直的位置,也不得借助整机的惯性冲击料堆。

(4)摊铺中严禁驾驶员擅离岗位,无关人员不得上下摊铺机,在弯道上作业时,要防止摊铺机脱轨。

(5)混凝土摊铺施工现场必须做好交通安全工作。交通繁忙的路口应设立安全警示标志牌,并有专人指挥,夜间施工时,基准线桩附近应设置警示灯或反光标志。

(6)施工现场的电线、电缆应尽量放置在无车辆、人、畜通行的部位,施工机电设备应有专人负责保管和维修;现场操作人员应按规定佩戴防护用品;在夜间或停工期间应有专人值班保卫,防止原材料、机械、机具及零部件丢失。

(7)使用混凝土抹平机作业时,应确保抹平机的叶片光洁平整,并处于同一水平面,其连接螺栓应坚固不松动,电缆要有专人收放,确保不打结、不砸压、不破损,如有异常,应立即停机检查。

(8)切缝机锯缝时,刀片夹板的螺母应紧固,各连接部位和防护罩确保完好正常,切缝前应先打开冷却水,冷却水中断时,应停止切缝;切缝中,刀片要缓缓切入,并注意切入深度指示器,当遇有较大切割阻力时,应立即升起刀片检查,停止切缝时,应先将刀片提离板面后方可停止运转。

(9)水泥混凝土路面施工,不管采用哪种工艺方式,施工现场在不中断交通的情况下,应由专人负责指挥、维护交通,现场设立明显警示牌,以确保交通安全。

(10)旧路面凿除宜有计划地分小段进行,以免妨碍交通,并设置相关安全标志牌;用镐开挖旧路面时,应并排前进,左右间距不小于2m,不许面对面使镐,工具拼接牢靠,严防铁镐脱飞伤人;采用风动工具凿除旧路面时,确保各部管道接头紧固,不漏气,胶皮管不得缠绕打结;风镐操作人员应与空压机操作手紧密配合,及时送气或闭气,勤对风镐进行检查,确认合格方可使用;钎子插入风动工具后不得空打。

(11)采用机械破碎旧路面时,应有专人统一指挥,操作范围内不应有人,铲刀切入深度不宜过深,推刀速度应缓慢,施工现场应设置醒目安全警示标志牌,确保交通安全。

9.2.8 桥梁工程施工安全控制要点

1)明挖基础施工安全控制要点

(1)基坑开挖的方法、顺序以及支撑结构的安设,均应按照施工组织设计中的规定进行。开挖深度超过5m(含5m)的基坑(槽)的土方开挖、支护、降水工程或地质水文复杂的基坑开挖必须制订详细的施工方案和安全专项方案。

(2)基坑开挖时,要指派专人检查邻近建(构)筑物或临时设施的安全,并留有检查记录。

(3)开挖基坑深度超过1.5m时,为方便上下,必须挖设专用坡道或铺设跳板,其宽度应超过60cm。

(4)基坑开挖时要根据土壤、水文等情况,按规定的边坡坡度分层下挖,严禁局部深挖,掏洞开挖。如施工地区狭小或受其他条件限制,不能按标准放坡时,应采取固壁支撑措施。遇到有涌水、涌砂及基坑边坡不稳定现象发生时,应立即采取防护加固措施。

(5)基坑开挖过程中应随时检查坑壁边坡有无裂缝和坍塌现象,特别是雨后和解冻时,必须视具体情况增加坡度或加固支撑。

(6)基坑边缘有表面水时,应采取截流措施。在有大量地下水流的情况下进行挖基时,应配足抽水机具。

(7)采取挖土机械开挖基坑,坑内不得有人作业。

(8)基坑开挖需要爆破时,应按国家现行的爆破安全规程办理。

2)钢板桩及钢筋混凝土板桩围堰施工安全控制要点

(1)钢板桩围堰是一种比较传统的深水基础施工方法,使用钢板桩围堰时,要根据施工条件和安全要求及水深、地质等情况适当选择桩长,准确确定围堰尺寸、钢板桩数量、打入位置、入土深度和桩顶高程,使之既不影响水上施工,又不会伤及水下桩基等构造物。

(2)插打钢板桩(包括钢筋混凝土板桩)围堰前应对打桩机、卷扬机及其配套机具设备、绳索等,进行全面检查,经试验、鉴定合格后方可施工。

(3)钢板桩起吊应听从信号指挥,吊起的钢板桩未就位前,插桩桩位处不得站人。

(4)插打钢板桩宜插桩到全部合龙,然后再分段、分次打到高程。插桩顺序:在无潮汐河流,一般是从上游中间开始分两侧对称插打至下游合龙;在潮汐河流,有两个流向的关系,为减少水流阻力,可采取从侧面开始,向上、下游插打,在另一侧合龙。插打钢板桩时,如因起重机高度不足,可改变吊点位置,在转换吊点时,必须先挂后换,使新吊点吃力后,并确定牢固,才能拆除原吊点。

(5)桩锤一般采用振动桩锤。钢板桩在锤击下沉时,初始阶段应轻打。

(6)使用沉拔桩锤沉拔板桩时,桩锤各部件、连接件要确保完好,电气线路、绝缘部分要良好绝缘。

(7)拔桩时,应从下游向上游依次进行。遇有拔不动的钢板桩时,应立即停拔检查,可采取射水、振动等松动措施,严禁硬拔。

(8)采用船用起重机拔除钢板桩,应指派专人经常检查船用起重机的吃水深度,拔桩机或起重机受力情况,拔桩机和起重机应安装"限负荷"装置,以防超负荷作业。

(9)钢筋混凝土板桩采用锤击下沉时,桩头和桩尖部位,应采取加固措施。

3)钻孔灌注桩基础施工安全控制要点

(1)钻机就位后,对钻机及其配套设备,应进行全面检查。

(2)各类钻机在作业中,应由本机或机管负责人指定的操作人员操作,其他人不得登机。

(3)每次拆换钻杆或钻头时,要迅速快捷,保证连接牢靠。

(4)采用冲击钻钻孔时,应随时检查选用的钻锤、卷扬机和钢丝绳的损伤情况,当断丝已超过5%时,必须立即更换;卷扬机套筒上的钢丝绳应排列整齐。

(5)使用正、反循环及潜水钻机钻孔时,对电缆线要严格检查;钻孔过程中,必须设有专人,按规定指标,保持孔内水位的高度及泥浆的稠度,以防塌孔。

(6)钻机停钻,必须将钻头提出孔外,置于钻架上,严禁将钻头停留孔内过久。

(7)采用冲抓钻或冲击钻钻时孔,应防止碰撞护筒、孔壁和钩挂护筒底缘。提升时,应缓慢平稳。钻头提升高度应分阶段(按进尺深度)严格控制。

4)人工挖孔桩安全控制要点

(1)严格施工队伍管理,施工人员必须经过安全培训,严格按施工方案进行。

(2)施工现场必须备有氧气瓶、气体检测仪器。

(3)施工人员下孔前,先向孔内送风,并检测确认无误后,才允许下孔作业。

(4)施工所用的电气设备必须加装漏电保护器,孔下施工照明必须使用24V以下安全电压。

(5)采用混凝土护壁时,必须挖一节,打一节,不准漏打。

(6)孔下人员作业时,孔上必须设专人监护,监护人员不准擅离职守,并保持上下通话联系。

(7)发现情况异常,如地下水、黑土层和有害气体等,必须立即停止作业,撤离危险区,不准冒险作业。

(8)每个桩孔口必须备有孔口盖,完工或下班时必须将孔盖盖好。

(9)作业人员不得乘吊桶上下,必须另配钢丝绳及滑轮,并设有断绳保护装置。

(10)挖孔作业人员,在施工前必须穿长筒绝缘鞋,头戴安全帽,腰系安全带,井下设置安全绳。

(11)井口周边必须设置不少于周边3/4范围的围栏,护栏外挂密目网。

(12)作业人员严禁酒后作业,不准在孔内吸烟,不准带火源下井。

(13)井孔挖出的土方必须及时运走,孔口周围1m内禁止堆放泥土、杂物,堆土应在孔井边1.5m以外。

(14)井下人员应轮换工作,连续工作不宜超过4h。

(15)井孔挖至5m以下时,必须设置半圆防护板,遇到起吊大块石时,孔内人员应先撤至地面。

5)墩台施工安全控制要点

(1)就地浇筑墩台混凝土,施工前必须搭设好脚手架和作业平台,模板就位后,应立即用撑木等固定其位置,以防倾倒砸人。

(2)用吊斗浇筑混凝土,吊斗提降应设专人指挥。

(3)在围堰内浇筑墩台混凝土,应安设梯子或设置跳板,供作业人员上下。

(4)凿除混凝土浮浆及桩头,作业人员必须按规定佩戴防护用品。严禁将风枪对准人。

(5)拆除模板,应划定禁行区,严禁行人通过。

6)预制构件安装作业安全控制要点

(1)装配式构件(梁、板)的安装,应制订安装方案,并建立统一的指挥系统。施工难度、危险性较大的作业项目应组织施工技术、指挥、作业人员进行培训。吊装作业所使用的起重设备应符合国家关于特种设备的安全规程,并进行严格管理。

(2)吊装作业应根据吊装构件的大小、重量,选择适宜的吊装方法和机具,不准超负荷。

(3)吊钩的中心线,必须通过吊体的重心,严禁倾斜吊卸构件。

(4)起吊大型及有突出边棱的构件时,应在钢丝绳与构件接触的拐角处设垫衬。

(5)单导梁、墩顶龙门架安装构件时,各节点应连接牢固,在桥跨中推进时,悬臂部分不得超过已拼好导梁全长的1/3;墩顶或临时墩顶导梁通过的导轮支座必须牢固可靠。导梁上的轨道必须平行等距铺设,墩顶龙门架使用托架托运时,托架两端应保持平衡稳定,行进速度应缓慢。龙门架顶横移轨道的两端应设置制动枕木。

(6)预制厂采用千斤顶顶升构件装车及双导梁、桁梁安装构件时,千斤顶使用前,要做承载试验。构件进入落梁或其他装载工具横移到位时,应保持构件在落梁时的平衡稳定;顶升T梁、箱梁等大吨位构件时,必须在梁两端加设支撑。预制厂和墩顶装载构件的滑移设备要有足够的强度和稳定性,牵引(或顶推)构件滑移时,施力要均匀;双导梁向前推进中,应保持两导梁同速进行。

(7)架桥机安装构件时,架桥机组拼、悬臂牵引中的平衡稳定及机具配备等,均应按设计要求进行;架桥机就位后,为保持前后支点的稳定,应用方木支垫。构件在架桥上纵、横向移动时,应平缓进行。

7)上部混凝土结构施工安全控制要点

(1)作业前,对机具设备及其拼装状态、防护设施等进行检查,主要机具应经过试运转。

(2)施工中,应随时检查支架和模板,发现异常状况应及时采取措施。支架、模板拆除,应按设计和施工有关规定的拆除程序进行。

(3)就地浇筑水上的各类上部结构,要按照水上作业的安全规定进行施工、作业。

8)悬臂浇筑法施工安全控制要点

(1)施工前,应组织有关人员进行安全技术交底,制订安全技术措施。挂篮组拼后,要进行全面检查,并做静载试验。

(2)施工操作人员进入现场时,必须戴安全帽,高空作业人员要进行体检,有不适病症的人员严禁上岗,托架、挂篮上的施工遇6级以上大风应停止作业。

(3)施工托架、挂篮安装时必须先安装好走道、栏杆,所有的栏杆使用扣件或绑扎成捆,并检查其安全可靠性,托架、挂篮作业平台边缘必须设场脚板,以防止台上杂物坠落伤人。

(4)预应力张拉现场内与该工作无关的人员严禁入内,张拉或退楔时,千斤顶后面不得站人,以防预应力筋拉断或锚具崩出伤人。

(5)设立桥面临时护栏。为保证施工人员在高空处的作业安全,防止材料、机具等物体从已浇筑好的桥面上坠落伤人,在已浇筑过的梁段上焊制安装1.2m高度的桥面临时护栏,作业区范围内使用安全网封闭施工。

(6)夜间施工要有良好的照明设备,危险地段设危险标志和缓行标志,配备足够的交通值勤人员,组织好过往行人及车辆,确保人员车辆的安全。

(7)使用连接器的锚点和吊带,必须在精轧螺纹钢筋端头做好油漆记号,安装时要保证钢筋安装到位,一般伸入连接器内不少于8cm。

(8)一个挂篮主桁的后锚共需4根精轧螺纹钢筋,一个挂篮后锚总共需要8根精轧螺纹钢筋锚固,挂篮行走到位后要及时锚固好。

(9)顶升挂篮的千斤顶、提升挂篮的葫芦要确保完好,严禁超负荷工作。

(10)4根前吊带受力要均匀,在调整高程时,4根吊带就要调好,不能先调好2根之后在没有仪器监控的情况下调另外2根。

(11)挂篮行走时,要确保吊带、模板等与挂篮分离,并派专人观察挂篮行走是否正常,挂篮、模板与箱梁或其他物品是否发生摩擦、牵挂,发现挂篮行走异常应立即停止,查明原因处理后再开始行走。

(12)挂篮行走要对称进行,行走前要弹出纵向轴线,在轨道上画出行走控制刻度线,行走时两侧行程要保持一致,轴向正确。

(13)挂篮行走到一定位置后,要及时对腹板外侧、底板进行修饰、打磨,使混凝土外观一致,对轻微错台,用扁钻子剔平,不得随意涂抹,吊带孔也要及时封堵。

9)预应力张拉施工安全控制要点

(1)预应力钢束(钢丝束、钢绞线)张拉施工前,应检查张拉设备工具是否符合施工安全的要求。压力表应按规定定期进行检定。油泵开动时,进、回油速度与压力表指针升降保持一致,并平稳、均匀。

(2)后张法张拉时,应检查混凝土强度,必须达到设计要求强度后,方可进行张拉。

(3)钢束张拉应严格按规定程序进行。张拉作业中,应集中精力,仪表要看准,记录要准确无误;若出现异常现象(如:油表振动剧烈,发生漏油,电机声音异常,发生断丝、滑丝等),应立即停机进行检查。

(4)张拉钢束完毕,退销时,应采取安全防护措施,防止销子弹出伤人。张拉时和完毕后,对张拉施锚两侧均应妥善保护,不得压重物。

(5)先张法张拉施工,除遵守张拉作业一般安全规定外,先张法张拉台座结构,应满足设计要求。张拉前,对台座、横梁及各种张拉设备、仪器等进行详细检查,合格后方可施工;先张法张拉中和未浇筑混凝土之前,周围不得站人和进行其他作业。浇筑混凝土时,严防振动。

10)跨线桥及通道桥涵施工安全控制要点

(1)公路桥跨越铁路或其他线路时,施工前应编制专门的安全施工组织设计或安全专项方案。

(2)公路桥跨越铁路或其他线路时,施工期间,特别是梁体吊装阶段,应在施工现场及两端足够远处适宜地点设置人员和通信设备。要避免在列车通过的情况下,进行吊梁安装作业。

(3)对结构复杂、施工期较长的大型立交桥施工前,应编制专门的安全施工组织设计,确保不发生影响通车及坠物伤人事故;制订架梁吊装施工方案及安全技术措施,向作业人员进行安全技术交底和培训;配备通信设施,确保在紧急情况下,能够妥善处理发生的事故。

9.2.9 隧道工程施工安全控制要点

（1）隧道施工前应开展安全风险评估，辨识施工过程中的主要危险源及危害因素，制订安全防护措施，并应根据工程建设条件、技术复杂程度、地质与环境条件、施工管理模式，以及工程建设经验对隧道工程实施动态风险控制和跟踪处理。

（2）隧道施工应按设计文件规定的施工方法制订施工方案，地质条件发生变化时，应及时进行设计变更。

（3）压力容器操作人员应按照有关规定经专业机构培训，并应取得相应的从业资格。

（4）施工现场布设应符合下列规定：

①临时设施的设置应避开高边坡、陡峭山体下方、深沟、河流、池塘边缘等区域。

②弃渣场地应设置在不易溃塌、不产生滑坡的安全地段，不得堵塞河流、泄洪通道。

③隧道内供风、供水、供气管线与供电线路应分别架设，照明和动力线路应分层架设。

④供电线路架设应遵循"高压在上、低压在下，干线在上、支线在下，动力线在上、照明线在下"的原则。110V 以下线路距地面不得小于 2m，380V 线路距地面不得小于 2.5m，6～10kV 线路距地面不得小于 3.5m。

（5）隧道洞口管理应符合下列规定：

①隧道洞口应设专人负责进出人员登记及材料、设备与爆破器材进出隧道记录和安全监控等工作。

②隧道施工应建立洞内外通信联络系统。

③长、特长及高风险隧道施工应设置稳定可靠的视频监控系统、门禁系统和人员识别定位系统。

（6）隧道洞口与桥梁、路基等同一个工点有多个单位同时施工或洞内不同专业交叉作业时，应共同制订现场安全措施。

（7）隧道内施工不得使用以汽油为动力的机械设备。

（8）通风机、抽水机等隧道安全设备应配备备用设备。

（9）隧道洞口、开关箱、配电箱、台车、台架、仰拱开挖等危险区域应设置明显的警示标志。洞内施工设备均应设反光标识。

（10）隧道内应按要求配备消防器材。

（11）应根据危险源辨识情况编制隧道坍塌、突水突泥、触电、火灾、爆炸、窒息、有害气体等应急预案并应配备相应的应急物资。

（12）高压富水隧道钻孔作业应采取防突水、突泥冲出的反推或拴锚等措施。

（13）不良地质隧道地段应遵循"早预报、预加固、弱爆破、短进尺、强支护、早封闭、勤量测、快衬砌"的原则施工。

（14）施工隧道内不得明火取暖。

（15）隧道内严禁存放汽油、柴油、煤油、变压器油、雷管、炸药等易燃易爆物品。

9.3 施工安全专项方案

安全专项方案是指在公路水运工程建设中，施工单位在编制施工组织设计的基础上，针对危险性较大的分部分项工程，以分部、分项工程为单元，依据有关工程建设标准、规范和规程，单独编制的安全技术措施文件。

施工单位应当在危险性较大分部分项工程施工前编制专项方案；对于超过一定规模的危险性较大分部分项工程，施工单位应当组织专家对专项方案进行论证。

9.3.1 危险性较大分部分项工程范围

危险性较大分部分项工程是指公路水运建设项目在施工过程中存在的、可能导致作业人员群死群伤或造成重大不良社会影响的工程。

1）土石方开挖工程

不良地质条件下有潜在危险性的土方、石方开挖工程。

2）滑坡处理及边坡防护工程

(1)滑坡体处治工程。

(2)高度超过6m(含6m)的边坡处理工程。

(3)高度超过3m(含3m)的支挡工程。

(4)大型或复杂的边坡防护工程(预应力锚索、抗滑桩等)。

3）基坑开挖、支护、降水工程

(1)人工挖孔桩工程、岩溶段桩基工程。

(2)开挖深度超过3m(含3m)的基坑(槽)的土方开挖工程。

(3)地质条件不良或周围环境及地下光缆、管线复杂的基础开挖工程。

(4)水深超过5m(含5m)的桩基础、挡墙基础、地下连续墙、沉井基础、深水基础及围堰工程。

(5)地下水位在坑底以上的基坑支护与降水工程。

4）模板工程及支撑体系

(1)高度超过5m的水平混凝土构件模板支撑工程。

(2)跨度超过10m的水平混凝土构件模板支撑工程。

(3)施工总荷载大于$10kN/m^2$水平混凝土构件模板支撑工程。

(4)集中线荷载大于$15kN/m^2$水平混凝土构件模板支撑工程。

(5)工具式模板工程(滑模、爬模、大型模板等)。

(6)特殊结构模板工程。

(7)用于钢结构安装的满堂模板支撑工程。

5）起重吊装及安装拆卸工程

(1)采用非常规起重设备、方法,且单件吊装重量在100kN及以上的起重吊装工程。

(2)采用起重机械进行安装的工程(塔式起重机、大型门式起重机、架桥机等)。

(3)起重机械设备自身的安装、拆卸工程。

(4)特殊环境下的吊装工程。

(5)打桩机械、钻孔机械等大型机械装拆工程。

(6)沥青混凝土、水泥混凝土拌和设备装拆工程。

6）水上及水下工程

(1)外海作业工程。

(2)码头、水工结构物、边通航边施工航道作业工程。

(3)内河深水超过2m作业工程。

(4)内河打桩船作业、施工船作业、水上平台作业工程。

(5)水下混凝土浇筑工程。

(6)水下打捞、拆除、焊接、设置设施等工程。

7）架设、拆除与爆破工程

(1)拆除拱、梁等较易坠落、坍塌的工程。

(2)拆除高度5m(含5m)以上的墙、立柱等易坍塌的工程。

(3)大型支架、模板、便桥、设备架设拆除工程。

(4)桥梁、码头加固与拆除工程。
(5)港口、码头大型设备的安装与拆除工程。
(6)有特殊要求的架设工程。
(7)所有涉及爆破的工程。

8)桥梁工程
(1)悬浇、悬拼施工的桥梁工程。
(2)转体、顶推施工的桥梁工程。
(3)斜拉桥、悬索桥的塔、索施工工程。
(4)跨线施工桥梁工程。
(5)跨径10m以上的圬工拱桥拱圈施工工程。
(6)跨径20m以上的钢筋混凝土拱桥拱圈施工工程。
(7)高度超过5m(含5m)的柱、墩、塔等构件工程。
(8)预应力结构张拉、压浆工程。
(9)支架法现浇梁、拱工程。

9)其他
(1)采用新技术、新工艺、新材料、新设备及尚无相关技术标准的危险性较大工程。
(2)20m以上高空作业工程。
(3)边通车(通车公路为二级及以上)边施工作业工程。
(4)特种设备施工工程。
(5)施工临时用电工程(用电设备5台以上或总容量50kW以上)。
(6)其他危险性较大工程视具体情况而定。

9.3.2 超过一定规模的危险性较大分部分项工程范围

1)滑坡处理及边坡防护工程
(1)滑坡体处治工程。
(2)岩质边坡高度超过30m、土质边坡超过15m边坡处理工程。

2)基坑开挖、支护、降水工程
(1)开挖深度20m以上的人工挖孔桩工程。
(2)开挖深度超过5m(含5m)的基坑开挖、支护、降水工程。

3)模板工程及支撑体系
(1)高度超过8m的水平混凝土构件模板支撑工程。
(2)跨度超过18m的水平混凝土构件模板支撑工程。
(3)施工总荷载大于15kN/m² 水平混凝土构件模板支撑工程。
(4)集中线荷载大于20kN/m² 水平混凝土构件模板支撑工程。

4)起重吊装及安装拆卸工程
采用非常规起重设备、方法,且单件起吊重力在100kN及以上的起重吊装工程。

5)水上及水下工程
(1)外海作业工程。
(2)码头、水工结构物、边通航(通航航道等级四级及以上)边施工的航道工程。

6)架设、拆除与爆破工程
(1)有特殊要求的架设工程。
(2)所有涉及爆破的工程。

7) 桥梁工程

(1) 悬浇、悬拼施工的桥梁工程。
(2) 转体、顶推施工的桥梁工程。
(3) 斜拉桥、悬索桥的塔、索施工工程。
(4) 跨高速公路、一级公路、铁路的跨线桥梁工程。
(5) 高度超过15m的柱、墩、塔等构件工程。
(6) 跨径15m以上的圬工拱桥拱圈施工工程。
(7) 跨径30m以上的钢筋混凝土拱桥拱圈施工工程。

8) 其他

(1) 采用新技术、新工艺、新材料、新设备及尚无相关技术标准的危险性较大工程。
(2) 30m以上的高空作业工程。
(3) 边通车(通车公路为高速公路、一级公路)边施工作业工程。
(4) 其他超过一定规模的危险性较大工程视具体情况而定。

9.3.3 安全专项方案编制的主要内容

专项方案应当由施工单位组织编制,主要包括以下内容:
(1) 编制说明:编制依据、编制目的、适用范围等;
(2) 工程概况:工程简介、水文地质条件、施工平面布置、施工准备情况等;
(3) 施工工艺:主要施工技术方案、技术参数、工艺流程、施工方法、施工要求等;
(4) 施工计划:施工进度计划、材料与设备计划、劳动力计划等;
(5) 危险因素分析:危险源辨识、危险因素评估等;
(6) 施工安全保障措施:组织保障、技术措施、监测监控措施、安全应急措施等;
(7) 安全检查和验收:检查方法、内容、程序验收等;
(8) 安全验算及相关图纸;
(9) 其他需要说明的内容。

9.3.4 安全专项方案编制、审查、实施

(1) 施工单位在提交开工报告前,应当向监理单位、建设单位提供本合同段危险性较大分部分项工程的清单,建设单位应当组织监理、施工等单位对本项目的危险性较大分部分项工程的清单进行审核确认,并据此进行管理。

(2) 对于超过一定规模的专项方案,施工单位应当在分部分项工程开工前组织专家进行论证。对于未超过一定规模但监理单位或建设单位认为有必要进行专家论证审查的专项方案,施工单位也应当组织专家进行论证审查。

(3) 专项方案编制完成后首先应当由施工单位组织技术、安全、质量等相关部门的专业技术人员进行审核。对于不需要专家论证的专项方案,施工单位审核合格后,由施工单位技术负责人签字确认后报监理单位,由项目总监理工程师审批;对于需经专家论证的专项方案,在施工单位相关技术人员审核后,施工单位应当组织专家进行论证,并根据专家的书面论证审查意见对专项方案进行修改完善,完善后的专项方案由施工单位技术负责人签字确认后报监理单位,由项目总监理工程师审核签字,再报建设单位审批。专项方案未经审批的,不得组织实施。

(4) 专家论证会应当符合下列要求:
①专家论证会应当由施工单位组织召开。
②专家组应当由不少于5名具有相关专业资格及相关经验的专家组成。专家组成员应当事先征得建设单位同意,本分部分项工程的参建各方人员不得以专家身份参加专家论证会。

③建设、监理、施工、设计等相关单位应当参加论证会,涉及铁路、海事、交警等相关部门的应邀请其参加论证会。

④需论证审查的专项方案应当在论证会召开3日前送达专家组成员及参加论证会的相关单位部门。

(5)专家论证的主要内容:

①专项方案内容是否完整,安全控制措施是否可行;

②专项方案计算和验算依据是否符合有关标准规范;

③安全施工的基本条件是否具备,是否符合现场实际情况等。

(6)施工单位应当严格按照专项方案组织施工,不得擅自修改、调整专项方案。如在施工过程中确需进行重大或实质性修改、调整专项方案的,修改调整后的专项方案应重新审批。对于已由专家论证审查的专项方案,施工单位应当重新组织专家进行论证。

(7)专项方案实施前,施工单位项目部技术负责人应当对相关施工技术、安全管理及施工作业人员进行安全技术交底;在施工过程中,应当指派专职安全生产管理人员进行现场监督,发现不按照专项方案施工的,应当要求其立即整改;发现有危及人身安全紧急情况的,应当立即停止作业并组织作业人员撤离危险区域。施工单位技术负责人应当定期巡查专项方案实施情况。

(8)施工单位、监理单位应当组织有关人员对危险性较大分部分项工程进行验收,验收合格后,方可进入下一道工序。

(9)监理单位应当将危险性较大的分部分项工程列入监理规划和监理实施细则,应当针对工程特点、周边环境和施工工艺等,编制安全监理细则,制订安全监理工作流程、方法和措施。

(10)监理单位应当对专项方案实施情况进行现场监理。对不按专项方案实施的,应当责令整改,施工单位拒不整改的,应当及时向建设单位报告。

(11)建设单位应当督促施工单位做好专项方案编制、论证及实施工作,督促监理单位加强对专项方案实施情况的检查。

9.4 应急救援预案

9.4.1 应急救援预案编制的目的

应急救援预案是针对可能发生的事故,为迅速、有序地开展应急行动而预先制订的行动方案;是为了及时、有效地应对重大生产安全事故,保证职工生命安全与健康和公众生命,最大限度地减少财产损失、环境损害和社会影响而采取的重要措施。

安全生产事故应急救援的预案编制是应急救援体系建设工作的核心内容,是安全生产工作的重要组成部分,通过应急救援的预案编制,建立健全规范、科学、操作性强的应急预案体系,对于提高应对突发事(故)件的能力、保障人民群众的生命财产安全和企业健康发展具有十分重要的意义。

9.4.2 应急救援预案的类型

应急救援预案有综合应急预案、专项应急预案、现场处置方案三种主要类型。

9.4.3 应急救援预案编制的主要内容

(1)总则。编制的目的;适用范围;应急组织体系的确定、工作原则与职责分工;应急响应;信息发布;后期处置;人员物资等保障措施;培训与演练;奖励与处罚等。

(2)生产经营单位危险性分析。危险源与风险分析,主要阐述本单位存在的重点危险源及风险分析结果。

(3)应急救援指挥机构及职责。明确应急救援指挥机构总指挥、副总指挥、各成员单位及其相应职责。应急救援指挥机构根据事故类型和应急工作需要,可以设置相应的应急救援工作小组,并明确各小组的工作任务及职责。

(4)预防与预警措施。危险源监控、预警提示信息、信息报告与处置等。

(5)应急响应。

①响应分级。针对事故危害程度、影响范围和单位控制事态的能力,将事故分为不同的等级。按照分级负责的原则,明确应急响应级别。

②响应程序。根据事故的大小和发展态势,明确应急指挥、应急行动、资源调配、应急避险、扩大应急等响应程序。

③应急结束。明确应急终止的条件,事故现场得以控制,环境符合有关标准,导致次生、衍生事故隐患消除后,经事故现场应急指挥机构批准后,现场应急结束。

(6)信息发布。明确事故信息发布的部门、发布原则,事故信息应由事故现场指挥部及时准确向新闻媒体通报事故信息。

(7)后期处置。主要包括污染物处理、事故后果影响消除、生产秩序恢复、善后赔偿、抢险过程和应急救援能力评估及应急预案的修订等内容。

(8)保障措施。

①通信与信息保障。明确与应急工作相关联的单位或人员通信联系方式和方法,并提供备用方案。制订信息通信系统及维护方案,确保应急期间信息通畅。

②应急队伍保障。明确各类应急响应的人力资源,包括专业应急队伍、兼职应急队伍的组织与保障方案。

③应急物资装备保障。明确应急救援需要使用的应急物资和装备的类型、数量、性能、存放位置、管理责任人及其联系方式等内容。

④经费保障。明确应急专项经费来源、使用范围、数量和监督管理措施,保障应急状态时生产经营单位应急经费的及时到位。

⑤其他保障。根据本单位应急工作需求而确定的其他相关保障措施(如交通运输保障、治安保障、技术保障、医疗保障、后勤保障等)。

(9)培训与演练及奖励与处罚。要明确对本单位人员开展的应急培训计划、方式和要求,如果预案涉及社区和居民,要做好宣传教育和告知等工作;明确应急演练的规模、方式、频次、范围、内容、组织、评估、总结等内容;明确事故应急救援工作中奖励和处罚的有关内容。

第10章 常见质量通病及防治措施

质量通病是指工程中经常发生的、普遍存在的一些工程质量问题。由于其量大面广,对工程的使用品质与寿命将产生不同程度的影响,甚至会导致严重的后果。农村公路常见质量通病可分为管理通病、实体通病、工艺通病。

管理通病包括:盲目赶工;指定分包、指定采购;监理独立检测频率不足;施工自检体系不健全;原始资料真实性差;材料质量源头控制不严;以包代管、质量责任不清;设计变更多、质量控制难度大、工程变更多;监理、施工人员对设计文件及规范掌握不准确;标准试验数据失真、规模生产条件变异等。

实体通病包括:路基压实度不足;路基开裂;无机结合料基层裂缝;沥青混凝土路面不平整;沥青混凝土路面裂缝;水泥混凝土路面裂缝;水泥混凝土路面龟裂、断板;钻孔灌注桩断桩;混凝土强度偏低;混凝土结构构造裂缝;混凝土离析、漏浆、表面不平整;预应力结构张拉、锚固、压浆控制不严;桥面铺装早期病害;桥头跳车;交通标志安装病害;标线涂层表面污染;标线夜间反光效果不佳;标线起皮、脱落、开裂;标线起泡、微孔、耐久性不足;波形梁钢护栏板不顺直;混凝土护栏断裂、麻面、不顺直;隔离栅安装病害;防眩板安装病害;隧道水害;衬砌腐蚀;衬砌(二次衬砌)裂缝及初期支护混凝土平整度差;隧道超欠挖等。

工艺通病包括:混合料计量不准确、级配不合格、拌和不均匀;各类外掺剂品种选用、计量、掺配方法掌握不准;路面层间控制不严格,黏层油、透层油施工方法不当;预留构件、预埋件、钢筋定位不准;各类结构养护方法不当、养护时间不足;圬工砌筑方法、人工砂浆、勾缝方式不妥;路面碾压设备不配套,沥青路面碾压密实度不足;合同段、工作面、工序衔接不当等。

10.1 工程质量管理通病及防治措施

1)盲目赶工

(1)原因分析。

①工期提前。

②由于某种原因影响造成有效工期减少。

(2)防治措施。

明确造成赶工的具体原因,划清双方责任,并根据施工单位现有人员和设备结合工程量情况,由业主、监理及承包商三方提出增加人力、设备及科技投入等可行方案。

因建设单位原因造成的赶工,应明确由建设单位增加资金投入、赔偿损失;因施工单位原因造成的赶工,应明确由施工单位承担损失,并且建设单位可采取明令施工单位加大投入或指令分包等措施确保工期,从而从根本上保证工程质量,减少质量隐患。

2)指定分包、指定采购

防治措施:

(1)正常情况下,禁止建设单位指定分包和指定采购。

(2)严禁建设单位及相应人员、监理人员向承包商推销工程构件、工程材料等物品。

(3)特殊材料需业主统一采购的应在招标文件中说明。

(4)合法的分包,不得以包代管,主包单位对工程质量及工程管理负总责,应明确主包单位现场施工质量负责人进行现场盯岗把关。

(5)劳务队伍不得现场独立进行施工,必须有承包人现场指挥生产。

3)监理独立检测频率不足

防治措施:

(1)严禁监理在承包商的试验室内进行试验,严禁监理与承包商委托同一家试验室进行试验。

(2)严禁承包商与监理一起进行同一项试验检查(路基路面弯沉、路面平整度、横向力系数检测等用自动化设备进行的特殊性试验除外)。

(3)对于监理让承包商代为试验的,视情节情况,给予承包商通报批评,相关监理清除出场。

(4)对监理独立检测频率不足的,上报主管监督机构,予以通报批评。

4)施工自检体系不健全

防治措施:

(1)各承包单位必须建立独立的施工自检体系,并且要有专职的质量管理检查人员负责自检体系的运转。

(2)施工自检体系制度要健全,不可以用测量、试验以及检查代替自检体系的运行,施工自检人员应有职责和权力实行质量否决,对工程质量状况全面了解。

(3)监理工程师应检查施工自检体系的建设及其运转情况,并应定期检查和不定期抽查,定期检查应在每月例会前完成,例会上要通报各承包商质量自检体系的运转情况。

5)原始资料真实性差

试验记录不规范、签字不及时、数据失真;在空白的原始记录表格中已将签字复印好。

防治措施:

(1)对于存有虚假资料的分项工程一律按不合格对待。

(2)对于编造虚假资料的施工、监理人员,一经查实,一律清除出场。

(3)施工、监理所有资料,当天发生的必须当天记录清楚,不得日后填补或整理,监理有责任和权力随时检查这些资料。

(4)日期错误、代填、代签现象,一律按虚假资料对待。

6)材料质量源头控制不严(图10-1、图10-2)

图10-1 细集料未分档,未采取防雨淋措施

防治措施:

施工、监理对材料的检验,要与材料厂家进场数量、批号相对应。主要材料监理取样检查,防止假冒伪劣材料进场,通知做好原材料的存放保养工作。

图 10-2 钢筋锈蚀,未采取防雨淋措施

7)以包代管、质量责任不清

防治措施:

(1)严禁承包商自行分包工程。

(2)任何主要构件和大型施工场地,均要有主包单位技术(质量)负责人员在场盯岗,挂牌上岗,否则按质量不合格对待。

8)设计变更多、质量控制难度大

防治措施:

(1)加强设计文件审查制度。

(2)不准有"三边"工程出现。

(3)严格设计变更审查制度。

(4)在工程交工时,根据设计变更数量(投资比例)对设计单位进行评价。

9)监理、施工人员对设计文件及规范掌握不准确

防治措施:

对施工、监理人员掌握设计文件、规范情况,作为质量监督部门、业主进行现场考核的主要内容,对考核成绩不良者,直接清除出场。

10)标准试验数据失真、规模生产条件变异

标准试验是指路基土方的最大干密度、路面各层结构及组成设计、水泥混凝土配合比设计等。

防治措施:

(1)工程施工中,需要标准试验结果指导施工的,无标准试验或未经监理批准的不准施工。

(2)由于材料变化(产地或厂家变化)、机械变化以及自然条件变化需要重新进行标准试验,仍然使用原试验数据的,视该部分为不合格工程。

(3)监理人员要加强标准试验的对比检查,掌握并控制标准试验结果的使用情况。

10.2 实体质量通病及防治措施

10.2.1 路基工程

1)路基行车带压实度不足(图10-3)

(1)原因分析。

①压实遍数不合理。

图 10-3 路基行车带"弹簧"

②压路机质量偏小。

③填土松铺厚度过大。

④碾压不均匀,局部有漏压现象。

⑤含水率大于最佳含水率,特别是超过最佳含水率两个百分点以上,造成"弹簧"现象。

⑥没有对上一层表面浮土或松软层进行处治。

⑦土场土质种类多,出现异类土壤混填;尤其是透水性差的土壤包裹透水性好的土壤,形成了水囊,造成"弹簧"现象。

⑧填土颗粒过大,颗粒之间空隙过大,或采用不符合要求的填料。

(2)防治措施。

①合理确定碾压遍数、松铺厚度;

②清除碾压层下软弱层,换填良性土壤后重新碾压。

③对产生"弹簧"的部位,可将其过湿土翻晒,拌和均匀后重新碾压,或挖除换填含水率适宜的良性土壤后重新碾压。

④对产生"弹簧"且急于赶工的路段,可掺生石灰粉翻拌,待其含水率适宜后重新碾压。

2)路基边缘压实度不足(图10-4)

(1)原因分析。

①路基填筑宽度不足,未按超宽填筑要求施工。

②压实机具碾压不到边。

③路基边缘漏压或压实遍数不够。

④采用三轮压路机碾压时,边缘带(0~75cm)碾压频率低于行车带。

(2)防治措施。

①路基施工应按设计的要求进行超宽填筑。

②控制碾压工艺,保证机具碾压到边。

③认真控制碾压顺序,确保轮迹重叠宽度和段落搭接超压长度。

④提高路基边缘带压实遍数,确保边缘带碾压频率不低于行车带。

图 10-4　路基边缘压实度不足

3）路基纵向开裂甚至形成错台

（1）原因分析。

①清表不彻底，路基基底存在软弱层或坐落于古河道处。

②沟、塘清淤不彻底，回填不均匀或压实度不足。

③路基压实不均。

④旧路利用路段，新旧路基结合部未挖台阶或台阶宽度不足（图10-5）。

图 10-5　拼宽部分未挖成台阶

⑤半填半挖路段未按规范要求设置台阶并压实。

⑥使用渗水性、水稳性差异较大的土石混合料时，错误地采用了纵向分幅填筑。

⑦高速公路因边坡过陡、行车渠化、交通频繁振动而产生滑坡，最终导致纵向开裂。

（2）防治措施。

①应认真调查现场并彻底清表，及时发现路基基底暗沟、暗塘，消除软弱层。

②彻底清除沟、塘淤泥，并选用水稳性好的材料严格分层回填，严格控制压实度满足设计要求。

③提高填筑层压实均匀度。

④半填半挖路段,地面横坡大于1:5及旧路利用路段,应严格按规范要求将原地面挖成宽度不小于1.0m的台阶并压实。

⑤渗水性、水稳性差异较大的土石混合料应分层或分段填筑,不宜纵向分幅填筑。

⑥若遇有软弱层或古河道,填土路基完工后应进行超载预压,预防不均匀沉降。

⑦严格控制路基边坡,符合设计要求,杜绝亏坡现象。

4)路基横向裂缝

(1)原因分析。

①路基填料直接使用了液限大于50%、塑性指数大于26的土。

②同一填筑层路基填料混杂,塑性指数相差悬殊。

③填筑顺序不当,路基顶填筑层作业段衔接施工工艺不符合规范要求,路基顶下层平整度差,填筑层厚度相差悬殊,且最小压实厚度小于10cm。

④排水措施不力,造成积水。

(2)防治措施。

①路基填料禁止直接使用液限大于50%、塑性指数大于26的土;当选材困难,必须直接使用时,应采取相应的技术措施。

②不同种类的土应分层填筑,同一填筑层不得混用。

③路基顶填筑层分段作业施工,两段交接处,应按要求处理。

④严格控制路基每一填筑层的含水率、高程、平整度,确保路基顶填筑层压实厚度不小于10cm。

5)路基表面网状开裂

(1)原因分析。

①土的塑性指数偏高或为膨胀土。

②路基碾压时土含水率偏大,且成型后未能及时覆土。

③路基压实后养护不到位,表面失水过多。

(2)防治措施。

①采用合格的填料,或采取掺加石灰、水泥改性处理措施。

②选用塑性指数符合规范要求的土填筑路基,控制填土最佳含水率时碾压。

③加强养护,避免表面水分过分损失。

④认真组织,科学安排,保证设备匹配合理,施工衔接紧凑。

⑤若因下层土过湿,应查明其层位,采取换填土或掺加生石灰粉等技术措施处治。

10.2.2 路面工程

1)无机结合料基层裂缝(图10-6)

(1)原因分析。

①混合料中石灰、水泥、粉煤灰等比例偏大;集料级配中细料偏多,或石粉塑性指数偏大。

②碾压时含水率偏大。

③成型温度较高,强度形成较快。

④碎石中含泥量较高。

⑤路基沉降尚未稳定或路基发生不均匀沉降。

⑥养护不及时、缺水或养护时洒水量过大。

⑦拌和不均匀。

(2)防治措施。

①石灰稳定土基层裂缝。

a.改善施工用土的土质,采用塑性指数较低的土或适量掺加粉煤灰。

 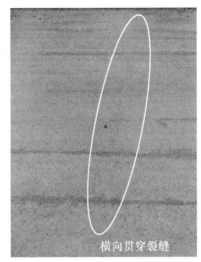

图 10-6　路面基层裂缝

b. 掺加粗粒料，在石灰土中适量掺加砂、碎石、碎砖、煤渣及矿渣等。

c. 保证拌和遍数。控制压实含水率，需要根据土的性质采用最佳含水率，避免含水率过高或过低。

d. 铺筑碎石过渡层。在石灰土基层与路面间铺筑一层碎石过渡层，可有效避免裂缝。

e. 分层铺筑时，在石灰土强度形成期，任其产生收缩裂缝后，再铺筑上一层，可有效减少新铺筑层的裂缝。

②水泥稳定土基层裂缝。

a. 改善施工用土的土质，采用塑性指数较低的土或适量掺加粉煤灰或掺砂。

b. 控制压实含水率，需要根据土的性质采用最佳含水率，含水率过高或过低都不好。

c. 在能保证水泥稳定土强度的前提下，尽可能采用低的水泥用量。

d. 一次成型，尽可能采用慢凝水泥，加强对水泥稳定土的养护，避免水分挥发过大。养护结束后应及时铺筑下封层。

e. 设计合理的水泥稳定土配合比，加强拌和，避免出现粗细料离析和拌和不均匀现象。

2）沥青混凝土路面不平整

（1）原因分析。

①路面不均匀沉降。

②基层不平整对路面平整度的影响。

③桥头、涵洞两端及桥梁伸缩缝处跳车。

④路面摊铺机械及工艺水平对平整度的影响。

⑤面层摊铺材料的质量对平整度的影响。

⑥碾压对平整度的影响。

（2）防治措施。

①在摊铺机及找平装置使用前，应仔细设置和调整，使其处于良好的工作状态并根据实铺效果进行随时调整。

②现场应设置专人指挥运输车辆，以保证摊铺机的均匀连续作业，摊铺机不在中途停顿，不得随意调整摊铺机的行驶速度。

③路面各个结构层的平整度应严格控制，严格工序间的交验制度。

④针对混合料中沥青性能特点，确定压路机的机型及重量，并确定出施工的初次碾压温度，合理选择碾压速度，严禁在未成型的沥青路面表层紧急制动及快速起步，并选择合理的振频、振幅。

⑤在摊铺机前设专人清除掉在"滑靴"前的混合料及摊铺机履带下的混合料。

⑥为改进构造物伸缩缝与沥青路面衔接部位的牢固及平顺，先摊铺沥青混凝土面层，再做构造物伸

缩缝。

⑦做好沥青混凝土路面接缝施工。

3)沥青混凝土路面横向裂缝(图 10-7)

图 10-7　沥青混凝土路面横向裂缝

(1)原因分析。

①基层开裂反射到沥青面层。

②桥台沉降缝、搭板尾部与基层结合部产生不均匀沉降。

③基层顶面未清扫干净,有浮料或污染,沥青混凝土在碾压时产生推移形成横向裂缝。

④终压时沥青混合料温度较低,沥青黏结力下降,碾压时的推挤产生横向裂缝。

(2)防治措施。

①基层施工时严格控制配合比,压实度及加强养护工作,采取防裂措施,减少基层横向开裂。

②严格控制结构物台背的路基回填质量,回填时应留置好台阶分层压实。基层开裂处、桥头搭板尾部和通道沉降缝处顶面铺设玻纤网,以降低对面层的影响,减少面层横向裂缝。

③在沥青混凝土摊铺前,基层顶面必须清理干净。

④严格控制终压时的沥青混凝土温度,压路机及时碾压。

4)沥青混凝土路面纵向裂缝(图 10-8)

图 10-8　沥青混凝土路面纵向裂缝

(1)原因分析。

①地基沉降不均匀引起路基面层纵向开裂。

②路基填筑使用了不合格填料,路基吸水膨胀引起路面开裂。

(2)防治措施。

①加固地基,使用合格填料填筑路基或对填料处理后再填筑路基。

②在开裂两边各挖除一定宽度基层,采用厚度不小于20cm的钢筋混凝土补平的措施进行处理,其上加铺玻纤网,再铺装沥青面层。

5)水泥混凝土路面横向裂缝(图10-9)

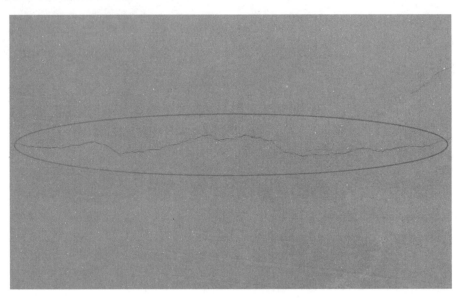

图10-9 水泥混凝土路面横向裂缝

(1)原因分析。

①混凝土路面切缝不及时,由于温缩和干缩发生断裂。混凝土连续浇筑长度越长,浇筑时气温越高,基层表面越粗糙,越易断裂。

②切缝深度过浅,由于横断面没有明显削弱,应力没有释放,因而在邻近缩缝处产生新的收缩缝。

③混凝土路面基础发生不均匀沉陷(如穿越河道、沟槽、拓宽路段处),导致板底脱空而断裂。

④混凝土路面板厚度与强度不足,在行车荷载和温度作用下产生强度裂缝。

⑤水泥干缩性大;混凝土配合比不合理,水灰比大;材料计量不准确;养护不及时。

⑥混凝土施工时,振捣不均匀。

(2)防治措施。

①严格掌握混凝土路面的切缝时间。

②当连续浇捣长度很长,切缝设备不足时,可在1/2长度处先锯,之后再分段锯;可间隔几十米设一条压缝,以减少收缩应力的积聚。

③保证基础稳定、无沉陷。在沟槽、河道回填处必须按规范要求,做到密实、均匀。

④混凝土路面的结构组合与厚度设计应满足交通需要,特别是重车、超重车的路段。

⑤选用干缩性较小的硅酸盐水泥或普通硅酸盐水泥。严格控制材料用量,保证计量准确,并及时养护。

⑥当板块裂缝较大,咬合能力严重削弱时,应局部翻挖修补,先沿裂缝两侧一定范围画出标线,最小宽度不宜小于1m,标线应与中线垂直,然后沿缝锯齐,凿去标线间的混凝土,浇捣新混凝土。

⑦用聚合物灌浆法封缝或沿裂缝开槽嵌入弹性或刚性黏合修补材料,起封缝防水作用。

6）水泥混凝土路面纵向裂缝（图10-10）

图10-10　水泥混凝土路面纵向裂缝

（1）原因分析。

①路基发生不均匀沉陷，如由于纵向沟槽下沉、路基拓宽部分沉陷、路堤一侧积水、排灌等导致路基基础下沉，板块脱空而产生裂缝。

②由于基础不稳定，在行车荷载和水、温度的作用下，产生塑性变形或者由于基层材料水稳性不良，产生湿软膨胀变形，导致各种形式的开裂，纵缝也是其中一种破坏形式。

③混凝土板厚度与基础强度不足产生的荷载型裂缝。

（2）防治措施。

①对于填方路基，应分层填筑、碾压，保证均匀、密实。

②对新旧路基界面处的施工应设置台阶或格栅处理，保证路基衔接部位的严格压实，防止相对滑移。

③河道地段，淤泥必须彻底清除；沟槽地段，应采取措施保证回填材料有良好的水稳性和压实度，以减少沉降。

④在上述地段应采用半刚性基层，并适当增加基层厚度；在拓宽路段应加强土基，使其具有略高于旧路的强度，并尽可能保证有一定厚度的基层能全幅铺筑；在容易发生沉陷地段，混凝土路面板应铺设钢筋网或改用沥青路面。

⑤混凝土路面板厚度与基层结构应按现行规范设计，以保证应有的强度和使用寿命。基层必须稳定。宜优先采用水泥、石灰稳定类基层。

⑥如属于土基沉陷等原因引起的裂缝，则宜先从稳定土基着手或者等待自然稳定后，再着手修复。在过渡期可采取一些临时措施，如封缝防水；严重影响交通的板块，挖除后可用沥青混合料修复。

⑦裂缝的修复，采用一般性的扩缝嵌填或浇筑专用修补剂有一定效果，但耐久性不易保证；采用扩缝加筋的办法进行修补具有较好的增强效果。

⑧翻挖重铺是一个常用的有效措施，但基层必须稳定可靠，否则必须首先从加强、稳定基层方面入手。

7）水泥混凝土路面龟裂（图10-11）

（1）原因分析。

①混凝土浇筑后，表面没有及时覆盖，在炎热或大风天气，表面游离水分蒸发过快，体积急剧收缩，导致开裂。

②混凝土拌制时水灰比过大；模板与垫层过于干燥，吸水大。

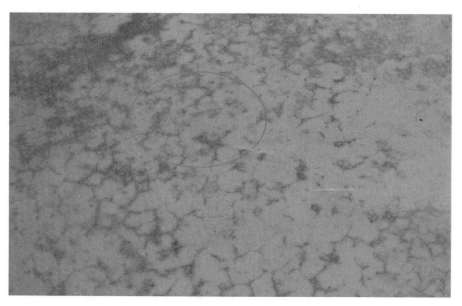

图 10-11 水泥混凝土路面龟裂

③混凝土配合比不合理,水泥用量和砂率过大。

④混凝土表面过度振捣或抹平,使水泥和细集料过多上浮至表面,导致缩裂。

(2)防治措施。

①混凝土路面浇筑后,及时用潮湿材料覆盖,认真浇水养护,防范强风和暴晒。在炎热季节,必要时应搭棚施工。

②配制混凝土时,应严格控制水灰比和水泥用量,选择合适的集料级配和砂率。

③在浇筑混凝土路面时,将基层和模板浇水湿透,避免吸收混凝土中的水分。

④干硬性混凝土采用平板振捣器时,应防止过度振捣而使砂浆积聚表面。砂浆层厚度应控制在 2~5mm 范围内。抹面时避免过度抹平。

⑤如混凝土在初凝前出现龟裂,可采用镘刀反复压抹或重新振捣的方法来消除,再加强湿润覆盖养护;一般对结构强度无影响,可不予处理,必要时应采用注浆方式进行表面涂层处理,封闭裂缝。

8)水泥混凝土路面断板(图 10-12)

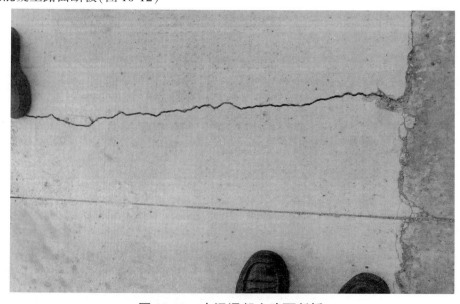

图 10-12 水泥混凝土路面断板

(1)原因分析。

①混凝土板的切缝深度不够、不及时,以及压缝距离过大。

②车辆过早通行。

③原材料不合格。

④由于基层材料的强度不足,水稳性不良,以致受力不均,出现应力集中而导致开裂断板。

⑤基层高程控制不严和不平整。

⑥混凝土配合比不当。

⑦施工工艺不当。

⑧边界原因。

(2)防治措施。

①做好压缝并及时切缝。

②控制交通车辆。

③合格的原材料是保证混凝土质量的必要条件。

④强度、水稳性、基层高程及平整度的控制。

⑤施工工艺的控制。

⑥边界影响的控制。

⑦局部修补或整块板更换。对于严重断裂,裂缝处有严重剥落,板被分割成3块以上,有错台或裂块并且已经开始活动的断板,应采用整块板更换的措施;重新浇筑混凝土板时,若采用常规材料修复或更换,养护期长,影响交通,最好采用快凝材料。

10.2.3 桥梁工程

1)钻孔灌注桩断桩

(1)原因分析。

①集料级配差,混凝土和易性差而造成离析卡管。

②泥浆指标未达到要求、钻机基础不平稳、钻架摆幅过大、钻杆上端无导向设备、基底土质差甚至出现流沙层导致扩孔或塌孔而引起的浇筑时间过长。

③搅拌设备故障且无备用设备引起混凝土浇筑时间过长。

④混凝土浇筑间歇时间超过混凝土初凝时间。

⑤混凝土浇筑过程中导管埋置深度偏小,管内压力过小。

⑥导管埋深过大,管口的混凝土已凝固。

(2)防治措施。

①关键设备(混凝土搅拌设备、发电机、运输车辆)要有备用,材料(砂、石、水泥等)要准备充足,以保证混凝土能连续灌注。

②混凝土要求和易性好,坍落度要控制在16~22cm。若灌注时间较长时,可以在混凝土中加入缓凝剂(需征得监理工程师的许可),以防止先期灌注的混凝土初凝,堵塞导管。

③在钢筋笼制作时,一般要采用对焊,以保证焊口平顺。当采用搭接焊时,要保证焊缝不在钢筋笼内形成错台,以防钢筋笼卡住导管。

④导管的直径应根据桩径和石料的最大粒径确定,尽量采用大直径导管;对每节导管进行组装编号,导管安装完毕后要建立复核和检验制度。导管使用前,要对导管进行检漏和抗拉力试验,以防导管渗漏。

⑤下导管时,其底口距孔底的距离控制在30~40cm(注意导管口不能埋入沉淀的回淤泥渣中)之间,同时要能保证首批混凝土灌注后能埋住导管至少1.0m。在随后的灌注过程中,导管的埋置深度一般控制在2.0~6.0m的范围内。导管埋置深度要求如图10-13所示。

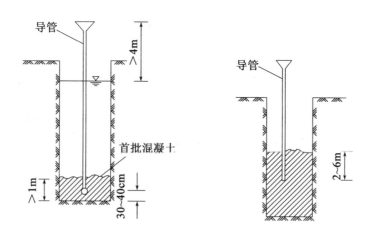

图 10-13　导管埋置深度要求

⑥在提拔导管时要通过测量混凝土的灌注深度及已拆下导管的长度,认真计算提拔导管的长度,严禁不经测量和计算而盲目提拔导管。

⑦当混凝土堵塞导管时,可采用拔插抖动导管的方法(注意不可将导管口拔出混凝土面),当所堵塞的导管长度较短时,也可以用型钢插入导管内来疏通,也可以在导管上固定附着式振捣器进行振动来疏通导管内的混凝土。

⑧当钢筋笼卡住导管时,可设法转动导管,使之脱离钢筋笼。

2)混凝土强度偏低(图 10-14)

图 10-14　构件强度不合格

(1)原因分析。

①水泥受潮,水泥强度等级降低,影响混凝土强度。

②不同规格的砂石料混堆。碎石的压碎值、针片状颗粒含量、级配等指标达不到要求,砂石料的含泥量过大,砂中含有杂质,砂的级配差。

③砂、石料和拌和用水计量不准确。

④混凝土拌和用水不符合要求。

⑤商品混凝土未经过审批或未按审批的混凝土配合比进行施工。

(2)防治措施。

①选择在地势较高处搭设地面硬化、且有防潮处理的水泥存放场地。

②对进场水泥、砂石料进行自检,并分档存放。

③选择合格的拌和及养护用水。

④严格执行商品混凝土使用审批程序,按审批的混凝土配合比进行施工。

3)混凝土结构构造裂缝(图10-15)

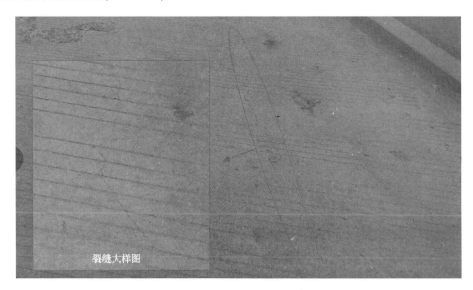

图10-15　混凝土结构构造裂缝

(1)原因分析。

①材料原因。

a. 水泥质量不好,如水泥安定性不合格等,浇筑后导致产生不规则的裂缝。

b. 集料含泥量过大时,随着混凝土干燥、收缩,出现不规则的花纹状裂缝。

c. 集料为风化性材料时,将形成以集料为中心的锥形剥落。

②施工原因。

a. 混凝土搅拌时间和运输时间过长,导致整个结构产生细裂缝。

b. 模板移动鼓出将使混凝土浇筑后不久产生与模板移动方向平行的裂缝。

c. 基础与支架的强度、刚度、稳定性不够引起支架下沉、不均匀下沉,脱模过早,导致混凝土浇筑后不久产生裂缝,并且裂缝宽度也较大。

d. 接头处理不当,导致施工缝变成裂缝。

e. 养护问题,混凝土塑性收缩,表面产生方向不定的收缩裂缝。这类裂缝尤以大风、干燥天气最为明显。

f. 在混凝土高度突变以及钢筋保护层较薄部位,由于振捣或析水过多造成沿钢筋方向的裂缝。

g. 大体积混凝土未采用缓凝和降低水泥水化热的措施、使用了早强水泥的混凝土,受水化热的影响浇筑后2~3d导致结构中产生裂缝;同一结构物的不同位置温差大导致混凝土凝固时因收缩所产生的收缩应力超过混凝土极限抗拉强度,或内外温差大导致表面抗拉应力超过混凝土极限抗拉强度,从而产生裂缝。

h. 水灰比大的混凝土,由于干燥收缩,在龄期2~3个月内产生裂缝。

(2)防治措施。

①选用优质的水泥及集料。

②合理设计混凝土的配合比,改善集料级配、降低水灰比、掺加粉煤灰等掺合料、掺加缓凝剂;在工作条件能满足的情况下,尽可能采用较小水灰比及较低坍落度的混凝土。

③避免混凝土搅拌很长时间后才使用。
④加强模板的施工质量,避免出现模板移动、鼓出等问题。
⑤基础与支架应有较好的强度、刚度、稳定性并应采用预压措施;避免出现支架下沉、模板的不均匀沉降和脱模过早。
⑥混凝土浇筑时要振捣充分,混凝土浇筑后要及时并加强养护工作。

4)混凝土离析、漏浆、表面平整度差(图10-16)

图10-16 混凝土离析、漏浆

(1)原因分析。
①集料级配不合格。
②混凝土自由倾落高度大而未设置减速装置。
③浇筑过程中过度振捣。
④混凝土浇筑时漏振。
⑤相邻模板拼缝过宽且未做有效处理。
⑥模板刚度不足引起变形。

(2)防治措施。
①采用级配合格的集料。
②混凝土自由倾落高度超过2m时,应设置串筒、溜槽等设施,且串筒出料口下面的混凝土堆积高度不得超过1m。
③振捣时,混凝土停止下沉,不再冒出气泡、表面呈现平坦、泛浆即可。
④混凝土浇筑过程中插入式振动器的移动间距不应超过其作用半径的1.5倍,与侧模应保持5~10cm的距离,插入下层混凝土5~10cm的深度,避免漏振。
⑤相邻模板拼缝紧密,并加止水带,防止漏浆。
⑥采用平整度好,刚度符合要求的模板。

5)预应力结构张拉、锚固、压浆控制不严(图10-17)

防治措施:
①进行预应力张拉的千斤顶与压力表配套使用,并经过计量监督部门校验。
②锚具、夹具及预应力钢绞线、预应力筋均采用正规厂家(有生产许可证的企业)生产的产品,严格按抽查频率要求进行抽检。
③严格控制锚垫板位置与角度,位置偏差不大于1cm、角度误差不大于1°。

图 10-17　预应力孔道注浆不到位

④严格压浆前孔道的注水检查和冲洗程序,严禁盲目压浆、制浆,压浆过程要监理全过程旁站检查。

⑤预应力梁张拉后的起拱度为张拉控制的参考值,当出现差别较大的异常情况时,必须分析原因,必要时予以处理。

6)桥面铺装施工不规范(图10-18)

图 10-18　桥面铺装施工不规范

防治措施:

①梁板顶面平整度必须满足规范要求,并严格采用刷毛处理。

②防水混凝土浇筑时,严禁在桥面钢筋网上直接进行施工操作,必须搭设支架及平台,混凝土不得直接倾卸到钢筋上,混凝土振捣必须采用插入式振捣与表面振捣相配合的方式进行。复合式桥面,防水混凝土表面必须刷毛处理(不得有浮浆存在)。

③桥面防水混凝土采用的石料宜水洗,且必须覆盖保水养护。

④桥面要保证排水畅通,泄水孔设置必须符合设计要求。

⑤桥面沥青混凝土铺设要在较高气温下进行,充分碾压,保证压实度要求及层间良好结合。

7）桥头跳车（图10-19）

图 10-19　桥头跳车

（1）原因分析。

①台后地基强度与桥台地基强度不同、台后填料自然固结压缩。

②桥头路堤及锥坡范围内地基填筑前处理不彻底。

③台后压实度达不到标准，高填土引道路堤本身出现压缩变形。

④路面水渗入路基，使路基土软化，水土流失造成桥头路基引道下沉；回填不及时造成积水而引起桥头回填土压实度不够。

⑤台后沉降大于设计容许值。

⑥台后填土材料不当，或填土含水率过大。

⑦软基路段台前预压长度不足，软基路段桥头堆载预压卸载过早，软基路段桥头处软基处理深度不到位，质量不符合设计要求。

⑧道路与结构物之间未设置胀缝或未按规定进行胀缝填筑。

（2）防治措施。

①重视桥头地基处理，采用先进的台后填土施工工艺。选用合适的压实机具，确保台后及时回填，回填压实度应达到要求。

②改善地基性能，提高地基承载力，减少差异沉降。保证足够的台前预压长度。连续进行沉降观测，保证桥头沉降速率达到规定范围内再卸载。确保桥头软基处理深度符合要求，严格控制软基处理质量。

③有针对性地选择台后填料，提高桥头路基压实度。如采用砂石料等固结性好、变形小的填筑材料处理桥头填土。

④做好桥头路堤的排水、防水工程，设置桥头搭板。

⑤优化设计方案、采用新工艺加固路堤。

⑥按设计要求设置胀缝并进行填筑。

10.2.4　交通安全设施

1）交通标志安装病害

（1）原因分析。

①预埋板位置未控制好，四角高程控制不严。

②支模不准确,基坑挖大(或挖小)。
(2)防治措施。
①认真放样,严格控制预埋件位置,四角高程要准确。
②支模准确,基坑开挖要标准。
③就地浇筑混凝土时要严格控制高程,锚固螺栓的设置位置要准确,立柱及标志板安装要准确,安装期间标志板应适当支撑和加固,其板面应采取保护措施,保证安装位置准确,角度符合设计要求。

2)标线涂层表面污染
(1)原因分析。
①不良天气引起,划线后在涂料未干前受尘土污染。
②车辆污染,未做交通控制。
③沥青泛油,致使标线受污变脏、变黑。
(2)防治措施。
①雨天、尘土大、风大时停止施工。
②采用符合标准的涂料,在涂料未干透凝结之前,控制交通。
③避免沥青路面泛油。

3)标线夜间反光效果不佳
(1)原因分析。
①玻璃珠受潮,撒布不均或用量不够。
②涂料过硬(玻璃珠固结不好)或过软(玻璃珠压入涂层中)。
③涂料质量差。
(2)防治措施。
①使用干燥珠,防止受潮,保证玻璃珠用量。
②使用厂家指定的相应的季节产品,并严格控制施工温度,不使涂料过硬或过软。
③选用优质涂料。

4)标线起皮、脱落、开裂(图10-20)

图10-20 标线脱落

(1)原因分析。
①夏季高温引起起皮,清扫不干净,路面潮湿,气温或涂料温度过低,喷涂剂处理不好等。
②路面温度太低或在冬季使用了夏季用品,涂料质量次,路面开裂。

（2）防治措施。

①避免夏季中午高温施工，扫净路面，保持路面干燥，控制施工温度，下涂充分。

②采用与环境、气候条件相适应的涂料，路面施工中采取避免开裂的措施。

5）标线起泡、微孔、耐久性不足（图10-21）

图10-21 标线起泡、微孔

（1）原因分析。

①路面小孔中水分蒸发。

②下涂剂未完全干燥或路面潮湿。

③膜厚不够，涂料不耐低温，耐磨性差。

（2）防治措施。

①路面完全干燥后施工，适当降低施工温度。

②下涂剂完全干燥后施工。

③保证膜厚，选用抗寒耐磨涂料。

6）波形梁钢护栏板不顺直

（1）原因分析。

①安装不平顺，螺栓未上紧。

②立柱高低不一，左右偏斜。

③端头制作工艺不符合要求。

④护栏板搭接方向不合理。

（2）防治措施。

①安装要平顺、连续，所有搭接应按交通流的方向拼接。安装过程中利用波形梁的长圆孔调整梁的上、下位置，顺直后拧紧所有螺栓。

②严格控制柱的高程和位置，托架位置要准确。

③端头应按图纸尺寸用模压成形，不得出现施工差错。

④护栏板端头搭接方向必须与行车方向一致。

7）混凝土护栏断裂、麻面、不顺直等

（1）原因分析。

①混凝土强度等级不够。当采用现浇时未设竖向施工缝。

②拆模太早,模板尺寸存在误差。
③混凝土漏振或过振,养护不及时。
④施工误差。
(2)防治措施。
①严格按照混凝土配合比施工。
②模板加工要标准,尺寸准确,根据温度情况掌握适宜的拆模时间。
③严格把握振捣深度、间距、时间,及时养护。
④认真放样,安装时用直尺定位,挂线施工,保证位置准确。

8)隔离栅安装病害
(1)原因分析。
①当就地现浇时,挖坑尺寸小,当为预制时,模板尺寸存在误差。
②埋设不竖直,地形有起伏,立柱埋设未在一条线上。
③立柱埋入混凝土底座中,未设固定支撑,立柱与隔离栅的连续安装不紧。
④端头漏封,或未按图施工。
⑤特殊地段未做专门处理。
(2)防治措施。
①挖坑尺寸一定要达到要求,注意养护7d以上。
②在地形有起伏的地段,可将地面整修成一定坡度后,顺坡设置或按阶梯形设置。
③立柱埋入底座后,应设置必要的临时拉索或支撑,且把立柱固定于适当位置,直到混凝土硬化。在养护未达到7d之前不得在立柱和斜撑上安装或拉紧任何材料。
④按设计图设置端头封闭,遭破坏时及时修复,并做好保护宣传工作。
⑤当小溪或不通航的小河道两岸顶面宽度不超过4m时,应连续跨过;当大于4m时,应做端头封闭设计。

9)防眩板安装病害
(1)原因分析。
①钢板镀漆不均匀,PVC(聚氯乙烯)塑料防眩板材料耐久性差。
②镀锌时间不够,或锌质量差。
③放线误差大,或不正确,高程控制不准。
④地基不实。
⑤防眩板防风设计不足。
(2)防治措施。
①均匀上漆,保证涂刷遍数及用量,选用在自然条件下不易老化和褪色的高分子合成材料。
②采用标准规定的锌料,保证质量。
③准确放样,使防眩板线形与路线线形一致。
④基础挖坑大小适宜,地基要夯实。
⑤加装防风斜撑等,一旦破坏要及时修复或更换。

10.2.5 隧道工程

1)水害
(1)原因分析。
①隧道穿过含水的地层。
②原建隧道衬砌防水、排水设施不全。
③混凝土衬砌施工质量差,蜂窝、孔隙、裂缝多,自身防水能力差。

④防水层(内贴式、外贴式或中间夹层)施工质量不良或材质耐久性差,经使用数年后失效(图10-22)。

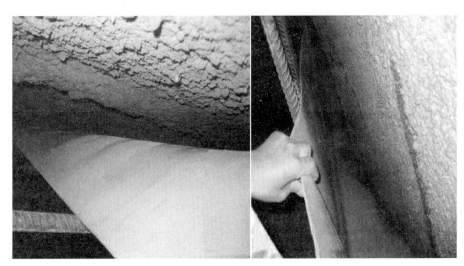

图10-22　隧道矮边墙防水层背面未铺设土工布

⑤混凝土的工作缝、伸缩缝、沉降缝等未做好防水处理。

⑥既有排水设施(如衬砌背后的暗沟、盲沟,无衬砌的辅助坑道、排水孔、暗槽等)施工不规范或年久失修,造成阻塞(图10-23、图10-24)。

图10-23　侧式排水管管槽碎石层缺少防止现浇混凝土浆液渗入的措施

(2)防治措施。

①因势利导,给地下水以可排走的通道,将水迅速地排到洞外。

②将流向隧道的水源截断,或尽可能使其水量减少。

③堵塞衬砌背后的渗流水,集中引导排出。

④合理选择防水材料,严格施工工艺。

2)衬砌腐蚀

(1)原因分析。

①隧道衬砌物理性腐蚀。冻融交替冻胀性裂损、干湿交替盐类结晶性胀裂损坏。

②隧道衬砌化学性腐蚀。硫酸盐侵蚀、镁盐侵蚀、溶出性侵蚀(软水侵蚀)、碳酸盐侵蚀、一般酸性侵蚀。

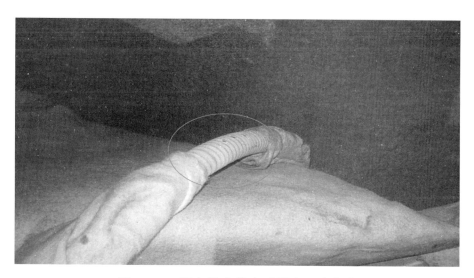

图 10-24　环向排水管未采用土工布包裹

（2）防治措施。

①坚持以排为主，排堵截并用，综合治水。

②用各种耐腐蚀材料敷设在混凝土衬砌的表面，作为防蚀层。

③在各种腐蚀病害较为严重的地段，除采取排水降低水压外，同时采用抗侵蚀材料作衬砌，使防水、防蚀设施与结构合为一体。

④在隧道的伸缩缝、变形缝和施工缝处均设置止水带，从而达到防蚀的目的。

3）衬砌（二次衬砌）裂缝及初期支护混凝土平整度差（图 10-25、图 10-26、图 10-27）

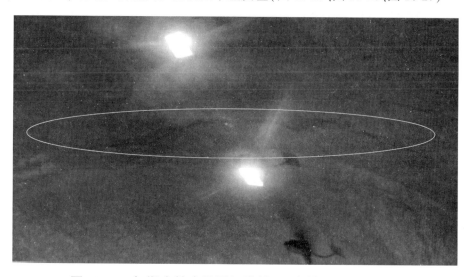

图 10-25　初期支护未设置沉降缝，二次衬砌混凝土开裂

（1）原因分析。

施工时，受技术条件限制，方法不当，管理不善，造成工程质量不良。

（2）防治措施。

①设计时应根据围岩级别、性状、结构等地质情况，正确选取衬砌形式及衬砌厚度，确保衬砌具有足够的承载能力。

②施工过程中发现围岩地质情况有变化，与原设计不符时，应及时变更设计，使衬砌符合实际需求；欠挖必须控制在容许范围内。

③钢筋保护层必须保证不小于 3cm，钢筋使用前应做除锈、清污处理。

图 10-26　初期支护混凝土厚度不足,平整度极差

图 10-27　隧道左侧边墙存在蜂窝麻面现象

④混凝土强度必须符合设计要求,宜采用较大的骨灰比,降低水灰比,合理选用外加剂。

⑤确定分段灌注长度及浇筑速度;混凝土拆模时,内外温差不得大于 20℃;加强养护,混凝土温度的变化速度不宜大于 5℃/h。

⑥衬砌背后如有可能形成水囊,应对围岩进行止水处理,根据设计设置防水隔离层。

⑦衬砌施工时应严格按要求正确设置沉降缝、伸缩缝。

4)超欠挖(图 10-28、图 10-29)

(1)原因分析。

①测量放样错误或误差较大。

②钻孔操作台架就位不准确。

③司钻工操作不熟练。

④装药量及装药结构不合理。

⑤爆破网路连接不规范。

⑥其他原因,如围岩节理发育,层面倾角小。

(2)防治措施。

①提高对超欠挖问题的认识。

图 10-28 隧道超欠挖现象严重

图 10-29 拱架位置超欠挖现象严重

②加强施工单位的工程管理。
③重视钻爆设计。
④注意钻爆作业工序。

10.3 施工工艺通病及防治措施

10.3.1 混合料计量不准确、级配不合格、拌和不均匀(图 10-30)

防治措施：

(1)拌和楼进料仓数量与作用料规格种类相对应,禁止先人工或机械掺拌后再送进料仓的施工方法,禁止人为强行对某个料仓进行补料。

(2)严格控制各种集料的含水率,特别是细集料、白灰、粉煤灰的含水率,保证混合料含水率均匀,应根据各种材料的含水率及时调整供料数量,确保混合料级配的准确与均匀。

(3)应采用配备自动计量装置的拌和设备进行拌和,拌和设备应采用可自动测试集料含水率的拌和楼,拌和楼的生产能力应与单位用量相匹配。

（4）拌和楼进料仓数量应与所用集料规格种类相对应。

（5）拌和时间应按拌和设备性能严格控制，防止拌和时间不足。

图 10-30　砂石料混堆

10.3.2　各类外掺剂品种选用、计量、掺配方法掌握不准

防治措施：

（1）混合料若设计无要求，一般不得随意掺加外掺剂。如果掺加，必须经监理工程师批准后方可使用，并且所使用的种类必须是信誉良好的产品。使用前应对外掺剂进行检测。

（2）根据掺配目的选用品种，但不可顾此失彼，为满足这种目的而失去另一种功能，监理工程师和业主应严格掌握，杜绝为满足施工使用性能而掺加对质量有影响的掺加剂。

（3）掺加剂掺加时间、数量严格按产品要求和试验数据而定，必须采用严格的计量和计时方法，并便于操作和检查。

（4）一般情况下不得同时使用两种或两种以上掺加剂。如确有需要，应进行全面地试验、验证。

10.3.3　路面层间控制不严格，黏层油、透层油施工方法不当（图 10-31、图 10-32）

图 10-31　半刚性基层分层摊铺前下承层表面清扫不彻底、湿润不充分

图 10-32 沥青混合料层间结合面污染严重,未加铺黏层油

防治措施:

(1)路面各结构层施工前,要对下承层彻底清扫并用压缩空气或吹风机吹洗;施工、监理人员均应对现有层面进行一次表观质量及清洁程度检查,对查出的松散、不密实以及污染情况,提出处理意见,处理完成后再进行下步施工。

(2)沥青路面各类封层、黏结层在洒布段起始和终止段,如果不能严格控制,则采用铺垫过渡段(在两端铺上 5~10m 砂或毡布等)的方法保证质量。严禁超量洒布,洒量不足时应重洒或人工补洒,适量、均匀为最终目的。洒布机应采用有计算机自动控制的设备。

(3)对于沥青路面各沥青混合料层间结合面,要保证洁净,由于放置时间较长或施工等因素造成污染时,要加铺黏层油,喷洒量视污染情况和现场试验而定,并由监理工程师和业主批准。

(4)封层、透层、黏层施工后,开放交通时间应根据现场试验情况确定,以不被粘起带走为控制标准,能晚勿早,严格控制。

10.3.4 预留构件、预埋件、钢筋布设不符合要求(图 10-33、图 10-34、图 10-35)

图 10-33 钢筋焊接、布设不合理

图 10-34　护栏立柱底部预埋钢筋不符合要求

图 10-35　型钢伸缩缝预埋钢筋不符合要求

防治措施：

（1）预留构件、预埋件定位前应准确测量，施工人员应了解所预留构件、预埋件及钢筋在整个结构中的作用，特别要知道与其对应部件的位置情况，监理工程师应进行询问并检查。

（2）预留部件、预埋件及钢筋固定要牢固，不得因其他施工操作而使其发生变动，在进行对其有影响的操作时，要时刻检查变化情况，发现问题及时加固处理。

（3）预留、预埋部件，一般应采用焊接法与主筋连接，如焊接确有困难，经监理工程师批准，可采用绑扎法，不允许采用直接放置或插入的方法，做到"能绑不放，能焊不绑"。

（4）对所有钢筋骨架，均要进行稳固性检查，保证振捣时不变形，绑扎不牢固的，应重新绑扎，结构不稳固的，要加固处理。

10.3.5　各类结构养护方法不当、养护时间不足

防治措施：

1) 无机结合料基层

(1) 每一段碾压完成并经压实度检查合格后,应立即开始养护。

(2) 对于高速公路和一级公路,基层的养护期不宜少于7d。对于二级和二级以下公路,如养护期少于7d即铺筑沥青面层,应限制重型车辆通行。二灰基层宜采用泡水养护法,养护期应为14d。

(3) 养护应采用覆盖保湿养护的方法,养护应有专人负责,保证构件表面在养护期内始终处于潮湿状态。

(4) 冬季施工的养护,应严格按照冬季施工养护要求进行。

(5) 严格养护用水的水质检查,防止污水对构件造成破坏。

2) 水泥混凝土路面养护

(1) 混凝土路面铺筑完成或制作抗滑构造完毕后立即开始养护。机械摊铺的各种混凝土路面、桥面及搭板宜采用喷洒养护剂同时保湿覆盖的方式养护。在雨天或养护用水充足的情况下,也可采用覆盖保湿膜、土工毡、土工布、麻袋、草袋、草帘等洒水湿养护方式,不宜使用围水养护方式。

(2) 养护时间根据混凝土弯拉强度增长情况而定,不宜小于设计弯拉强度的80%,应特别注重前7d的保湿(温)养护。一般养护天数宜为14～21d,高温天不宜小于14d,低温天不宜小于21d。掺粉煤灰的混凝土路面,最短养护时间不宜少于28d,低温天应适当延长。

(3) 混凝土板养护初期,严禁人、畜、车辆通行,在达到设计强度40%后,行人方可通行。在路面养护期间,平交道口应搭建临时便桥。面板达到设计弯拉强度后,方可开放交通。

10.3.6 圬工砌筑方法、勾缝方式不妥(图10-36)

图10-36 圬工砌筑座浆、勾缝不到位

防治措施:

(1) 圬工砌筑一律采用坐浆方法,砌筑前监理工程师应在施工现场对砌筑人员进行施工方法考核,区别不清坐浆和灌浆或对规范砌筑方法不清楚的人员不得施工。

(2) 圬工砌筑砂浆一律采用机械拌和。砌体勾缝不得勾假缝,一般情况应勾凹缝或平缝,有特殊要求时,可以勾凸缝,但勾凸缝时,必须采用嵌入式,严禁在平缝上直接勾凸缝。

(3) 砌体砌筑前对砌筑块要冲洗干净,使之湿润,砌完后应进行洒水养护,养护时间不少于7d。

10.3.7　路面碾压设备不配套，沥青路面碾压密实度不足（图10-37）

图10-37　沥青路面碾压不到位，孔隙率大，不密实

防治措施：

（1）沥青路面碾压设备应配套使用，一般有胶轮压路机、双振钢轮压路机、平碾及小型振碾。无论何种组合，每一个项目都宜通过试验段进行验证，同时确保碾压组合具有适当的储备能力，不得因某一台压路机出现故障而影响压实质量。

（2）碾压成型后，应保证表面平整、密实、无轮迹，边角处密实。

（3）桥梁沥青混凝土铺装层的压实应充分考虑其特殊性，采取可行的措施。

10.3.8　合同段、工作面、工序间衔接不当（图10-38）

图10-38　路基施工与绿化培土交叉施工，污染路基顶面

防治措施：

（1）规范、文明施工是各衔接部位有效、保质衔接的关键，合同段交界线清楚，责任明确，设置合同

分界标志牌;工作面整洁,工序衔接层面清楚;关键部位(梁板预制、台背回填及软基、高填等特殊路段)设置重要部位责任牌。

(2)监理工程师应严格检查、督促承包单位的质量保证体系有效运转,强化工序交接手续的有效运行,加强衔接部位、层面的质量检查,衔接部位不合格的,后续施工的工程视为不合格工程,不予验收。

第11章 常见安全隐患及防治措施

安全隐患是指工程中,由于人的因素、物的变化以及环境的影响等可能引发各种各样的问题、缺陷、故障、苗头等不安全因素,如果不发现、不消除,会打扰和影响正常的生产过程,导致事故发生。统计分析表明,农村公路安全隐患类型分散且问题发生集中,多存在于高处作业、临时用电、机械设备中。

11.1 隐患排查与治理

事故隐患等级分为一般事故隐患和重大事故隐患。一般事故隐患,是指交通建设工程施工过程中存在的危害程度较低、整改难度较小,发现后能够立即整改排除的安全事故隐患。重大事故隐患,是指交通建设工程施工过程中存在的危害程度较高、整改难度较大,可能导致群死群伤的安全事故隐患或造成重大经济损失和恶劣社会影响的安全事故隐患。

建设单位要落实事故隐患排查治理工作的全面管理责任,施工单位要落实事故隐患排查治理工作的主体责任,监理单位对工程事故隐患排查治理承担监理责任。

隐患排查治理工作制度一般包括安全检查、风险评估、隐患治理、建档监控、信息报告、资金保障、举报奖励等内容。隐患排查方式一般包括综合检查、专项检查、日常检查、委托检查等。

各从业单位应结合工程实际情况和相关规章制度制定相应的事故隐患排查标准,开展具有针对性的事故隐患排查工作。事故隐患排查可参照交通运输部《公路水运工程"平安工地"考核评价标准》,重点对危险性较大分部分项工程进行事故隐患排查。事故隐患排查时,从业单位应当对排查出的各类事故隐患进行分析评估,确定隐患等级,并进行编号、登记,建立事故隐患排查登记台账。

对于需要限期整改的一般事故隐患,检查人员应及时发出事故隐患整改通知书,从业单位要根据事故隐患整改通知书的要求及时整改到位;对于排查出的重大事故隐患,相关从业单位应当制订重大事故隐患治理专项方案,限期进行整改。重大事故隐患治理专项方案应包括以下内容:

(1)治理的目标和任务;
(2)采取的方法和措施;
(3)经费和物资的落实;
(4)负责治理的机构和人员;
(5)治理的时限和要求;
(6)安全措施和应急预案。

对于确认的重大事故隐患,从业单位应在施工现场设立重大事故隐患公示牌及安全警示标志。

11.2 安全隐患

11.2.1 高处作业

(1)桥面临边无警示标志和防护设施(图11-1)。
(2)防护栏杆间距不合格,无挡脚板,栏杆未设置安全网封闭(图11-2)。

图 11-1　桥面临边未设置警示标志和防护设施

图 11-2　防护栏杆间距不合格,未设置安全网封闭

(3)临边防护栏杆部分缺损,未及时修复(图 11-3)。

图 11-3　防护栏缺损

(4)施工通道搭设简单,无防护措施(图11-4)。

图 11-4　施工通道简陋

(5)登高脚手架上部直爬梯无防护网,脚手架未铺满(图11-5)。

图 11-5　登高脚手架上部直爬梯无防护网,脚手架未铺满

(6)作业平台搭设简陋,安全防护不到位(图11-6)。

图 11-6　作业平台搭设简陋

11.2.2 临时用电

(1)违规利用树干替代架空线杆(图11-7)。

图11-7　违规利用树干替代架空线杆

(2)架空线利用树杈,架空线路的线间距小于0.3m,存在用电安全隐患(图11-8)。

图11-8　违规利用树干,架空线路的线间距小于0.3m

(3)架空线杆为钢管,且无防倾倒拉线,存在用电安全隐患(图11-9)。

(4)架空线最大弧垂距离地面间距小于4m,线间距小于0.3m(图11-10)。

(5)电缆线浸泡在水中,存在漏电安全隐患(图11-11)。

(6)施工现场电源线架设在梁体的预留钢筋上,存在漏电安全隐患(图11-12)。

(7)绝缘橡胶已破损的电源电缆线,存在漏电安全隐患(图11-13)。

(8)开关箱箱门缺失,无隔离开关,用电设备违规使用护套线(图11-14)。

(9)开关箱箱体不完整,采用胶木板、木板制作,制作材料不符合要求(图11-15)。

(10)开关箱电缆线违规从箱体两侧引入、引出,存在安全隐患(图11-16)。

图 11-9　架空线杆为钢管,缺少防倾倒拉线

图 11-10　架空线最大弧垂距离地面间距小于 4m,线间距小于 0.3m

图 11-11　电缆线浸泡在水中

图 11-12　施工现场电源线架设在梁体的预留钢筋上

图 11-13　电源电缆线绝缘橡胶破损

图 11-14　开关箱箱门缺失,无隔离开关,用电设备违规接线

图 11-15 开关箱箱体不完整,制作材料不符合要求

图 11-16 开关箱电缆线违规从箱体两侧引入、引出

(11)开关箱内放置茶杯、餐具等杂物,箱门敞开,违规使用闸刀开关(图 11-17)。

图 11-17 开关箱放置杂物,违规使用闸刀开关

(12)开关箱无隔离开关,无控制开关,漏电保护器直接控制用电设备,一箱两闸,开关箱进出线口未设置绝缘护套(图11-18)。

图 11-18　不符合规范要求的开关箱

(13)无开关箱,无漏电保护器,无隔离开关,存在安全隐患(图11-19)。

图 11-19　无开关箱、漏电保护器、隔离开关

11.2.3　机械设备作业

(1)级配料斗架体未锚固,上料时存在装载机失控而推倒料斗的安全隐患(图11-20)。
(2)冷给料传送皮带、转动部件等意外挤压伤人(图11-21)。
(3)氧气焊割作业现场的乙炔瓶与氧气瓶未按规范保持安全距离(图11-22)。
(4)现场焊割设备的气管严重老化,存在泄漏燃料的安全隐患(图11-23)。
(5)切割机皮带轮无防护罩(图11-24)。
(6)电焊机电源线接线盒缺失,接线头裸露(图11-25)。
(7)电焊机电源线接线盒缺失,接线头不规范(图11-26)。
(8)预应力张拉作业施工现场未按规定设置安全防护挡板,存在安全隐患(图11-27)。
(9)使用中的门式起重机常存在无产品质量合格证明,未按规定检验检测,操作人员无证操作等(图11-28)。

图 11-20 级配料斗架体未锚固

图 11-21 机械设备同作业人员同时作业

图 11-22 乙炔瓶与氧气瓶未保持安全距离

图 11-23 现场焊割设备气管严重老化

图 11-24 切割机皮带轮无防护罩

图 11-25 电焊机电源线接线盒缺失,接线头裸露

图 11-26　电焊机电源线接线盒缺失,接线头不规范

图 11-27　预应力张拉作业施工现场未设置安全防护挡板

图 11-28　门式起重机使用不符合规定

11.2.4　其他安全隐患

(1)对开挖路槽形成临空路段,未按规定设置施工标牌、警示标志(图 11-29)。

图 11-29　临空路段未设置施工标牌、警示标志

（2）对土石方爆破形成的占道堆积物，未按规定设置施工标牌、警示标志（图 11-30）。

11-30　对土石方爆破形成的占道堆积物未设置施工标牌、警示标志

（3）对浆砌边沟施工的占道堆积物，未按规定设置施工标牌、警示标志（图 11-31）。

图 11-31　对浆砌边沟施工的占道堆积物未设置施工标牌、警示标志

（4）爆破作业形成的边坡危石以及受爆破震动影响而形成的危石、爆破堆石，未按爆破作业安全规程要求及时清除（图11-32）。

图11-32　边坡危石、爆破危石、爆破堆石未及时清除

（5）现场装药作业过程中未设置安全警戒（图11-33）。

图11-33　现场装药作业未设置安全警戒，人员未清退

11.3　防治措施

11.3.1　完善项目管理机制

（1）落实建设单位全面管理责任。建设单位应建立健全项目安全生产管理体系，制定安全生产管理制度，严格履行安全管理职责，按规定设置专门的安全管理部门或配备与建设规模相适应的足够数量的专职安全管理人员，强化对监理、施工等参建单位工作质量和履约行为的检查管理。工程开工前，建设单位应当对施工单位现场安全生产条件进行检查把关；工程实施过程中，组织开展施工现场日常安全检查、定期排查等，加强对重大风险源的管理，牵头落实安全问题的整改工作等。

（2）强化施工单位安全生产主体责任。施工单位应建立健全安全管理体系，落实安全生产责任制，明确各级安全管理人员的责任。施工单位工程开工前，应对施工组织设计、安全专项方案等进行审查把关；工程实施过程中，定期组织安全检查、定期排查等，对不穿工作服、不戴安全帽上工地以及高空作业不系安全带等违章行为进行纠正,把安全隐患消除在萌芽状态。

(3)强化监理单位安全生产监理责任。工程开工前,监理工程师应审查分包合同中是否明确了施工单位与分包单位各自在安全生产方面的责任,审查施工单位编制的施工组织设计中的安全技术措施或专业施工方案是否符合强制性标准,并根据情况编制专项监理细则;工程实施过程中,巡视安全专项方案落实情况,督促施工单位进行安全生产自查工作、落实施工生产安全技术措施,如发现安全事故隐患,应立即书面指令施工单位整改。

11.3.2 强化施工现场安全管理

(1)强化一线作业人员的教育培训。通过安全技术交底,召开安全生产例会,张贴安全生产招贴画、宣传标语及标志等形式强化现场人员的安全意识。一是加强项目部现场管理人员对安全生产的认识、安全生产意识、安全生产责任的学习,增强全体施工人员的责任意识,安全生产的积极性和主动性;二是对工长和民工进行培训学习,每一批农民工进场都要进行安全生产意识、安全生产态度等方面的培训,学习施工现场的管理制度、劳动纪律、着装规定,加强他们的责任意识,提高他们的安全意识。

(2)加大危险性较大分部分项工程的管理力度。危险性较大的分部分项工程,如爆破工程、深基坑工程、起重吊装工程、脚手架搭拆工程、施工临时用电工程等必须编制专项施工方案,施工人员必须按照方案做好相应的安全措施,正确使用安全帽、安全带、安全网等防护用具,做好预留洞口、临水、临边等的防护工作,只要在施工时发现安全隐患就及时加以防护。

(3)加强施工现场临时用电的管理。施工单位必须按照规定编制临时用电方案,临时用电都必须安装二级漏电保护器,做到"一机一闸一箱一漏",不能一闸多用,对没有安装漏电保护的临时用电设备禁止使用,对只有一级漏电保护的临时用电设备立即整改。

(4)实行安全生产例会制度。施工项目部定期召开安全生产例会,总结安全生产状况,研究解决安全管理中存在的问题,提出改进措施并形成闭环管理。现场管理人员发现安全隐患应及时处理,并及时加以管理,对安全风险的识别要有预见性、前瞻性,把安全隐患消灭在萌芽状态之中。

(5)认真做好安全技术交底并形成签字记录。施工项目部技术负责人在每个分部分项工程作业前,要对班组长及全体作业人员进行安全技术交底,让班组长和全体作业人员明确做什么、谁负责、怎么做,交代清楚危险点和注意事项,针对危险的预防措施,相应的安全措施、安全操作规程和标准,以及紧急应急措施等。

第三篇　养护管理篇

第12章 农村公路养护概述

农村公路占整个公路总里程的比例非常大,截至2020年底农村公路里程已达438.23万公里。2019年9月发布的《国务院办公厅关于深化农村公路管理养护体制改革的意见》(国办发〔2019〕45号)明确提出,到2022年,基本建立权责清晰、齐抓共管的农村公路管理养护体制机制,形成财政投入职责明确、社会力量积极参与的格局。农村公路列养率达到100%,年均养护工程比例不低于5%,中等及以上农村公路占比不低于75%。可以说,农村公路"有路必养"基本实现,"养必到位"的步伐在逐步加快。

12.1 日常养护

日常养护是指农村公路的小修、保洁、绿化管护、附属设施维护等,其主要工作是对农村公路及沿线设施经常进行维护保养和修补轻微损坏部分的作业,包括整理路肩、疏通边沟、清除杂草、修补坑槽、修剪花草、绿化、清洗标志等。

日常养护工作由基层公路管理机构实施,以"全面养护、科学管理、预防为主、防治结合、保障畅通"的方针为指导,并认真执行国家和交通运输主管部门所规定的技术规范和操作规程。

日常养护主要职责是采取正确有效的技术措施和科学先进的管理办法,加强维修保养,及时维修损坏的路产设施,保持公路及其沿线设施的完好,保障公路的畅通。

12.2 养护工程

养护工程按作业内容分为路基、路面、桥涵、隧道养护等,按其工程性质、复杂程度、规模大小,可分为中修、大修、改建。

中修工程是对公路及其工程设施的一般磨损和局部损坏进行修理加固,以恢复原状。中修一般是公路经过使用,每隔几年进行一次的周期性修理工作。

大修工程是对公路及其工程设施的较大损坏进行全面综合治理和大修理,以恢复原设计标准,以及在原设计标准内,局部改善和个别增建以提高通行能力。大修一般是对公路各部分定期进行全面的修理工作。

改建工程是对公路及其工程设施因不适应现有交通量和载重需要,分期逐段提高技术等级,或通过改善显著提高通行能力,以满足运输要求。

12.2.1 路基养护工程

路基养护工程主要为局部加宽、加高路基或改善个别急弯、陡坡、视距,全面修理、接长或个别添建挡土墙、护坡、护坡道、泄水槽、护栏及铺砌边沟,消除较大塌方、大面积翻浆沉陷处理,整段开挖边沟、截水沟或铺砌边沟,过水路面处理,平交口改善,整段加固路肩等的路基中修和在原路技术等级内整段改善线形,拆除、重建或增建较大挡土墙、护坡等防护工程,大塌方的清除及善后处理等的路基大修。

12.2.2 路面养护工程

路面养护工程主要为砂土路面处理翻浆,调整横坡,碎砾石路面局部路段加厚、加宽,调整路拱加铺磨耗层,处理严重病害,沥青路面整段封层罩面,沥青路面严重病害的处理,水泥混凝土路面严重病害的处理,水泥混凝土路面接缝材料的整修更换,桥头搭板或过渡路面的整修等的中修和整段用稳定材料改善土路,整段加宽、加厚或翻修重铺碎砾石路面,翻修或补强重铺铺装、简易铺装路面,补强、重铺或加宽铺装、简易铺装路面等的大修。

12.2.3 桥涵养护工程

桥涵养护工程主要为修理更换中小桥支座、伸缩缝及个别构件,大中型钢桥的全面油漆除锈和各部件的检修,永久性桥墩、台侧墙及桥面的修理和小型桥面的加宽、重建、增建接长涵洞、桥梁河床铺底或调治构造物的修复和加固等的桥涵中修和在原技术等级内加宽、加高、加固大中型桥梁,改建、增建小型桥梁和技术性简单的中桥,增改建较大的河床铺底和永久性调治构造物,吊桥、斜拉桥的修理与个别索的调整更换,大桥桥面铺装的更换,大桥支座、伸缩缝的修理更换,通道改建等的大修。

12.2.4 隧道养护工程

隧道养护工程主要为隧道工程局部防护加固,通道修理和加固,排水设施更换等内容。大修主要对隧道的通风和照明、排水设施的大修或更新工程局部防护加固以及隧道的较大防护、加固工程等。

12.2.5 改建工程

(1)路基改建:整段加宽路基,改善公路线形,提高技术等级等。
(2)路面改建:①整线整段提高公路技术等级,铺筑铺装、简易铺装路面;②新铺碎砾石路面;③水泥混凝土路面病害处理后,补强或改造为沥青混凝土路面等。
(3)桥涵改建:①提高公路技术等级,加宽、加高大中型桥梁;②改建、增建小型立体交叉;③增建公路通道;④新建渡口的公路接线、码头引线等。
(4)隧道改建:新建短隧道工程等。

本章所称农村公路养护工程,是指路基、路面、桥涵、隧道的大中修工程,改建工程可参照农村公路建设相关规定执行。

12.3 预防性养护

预防性养护指的是一种有成本效益的计划性策略,是在公路结构良好,路面还没有出现严重病害或将要出现严重病害之前采取一定的措施,遏制路面病害进一步向更深层次发展,实现或延长道路使用寿命、保持或提高路况综合指数和路面平整度、减少维修路面的资金、提升公路的使用安全指数、降低对道路大规模整修的周期的作业类型。区别于常规养护,公路预防性养护是一种主动的、早期的养护,采用科学决策的方法、按照科学决策的程序,不仅在全寿命周期内可保持优良的路况水平,还可以节省养护资金。运用自动化的高科技检测技术和设备进行路况检测、数据分析评估,确定实施预防性养护的路段以及与此相关的一系列技术性要求,通过运行一段时间后,检测在路面状况改善方面的功效,延长其使用寿命,提高路面的质量。对沥青路面,采取预防性养护措施,可将路面中较轻的损害及时消除,减少路表水对路面的损害,确保道路整体结构的安全运行,从而减少翻修次数,推后大中修、改建升级的期限,增加道路的使用年限,维持高质量的路面状况。

根据道路研究机构估算,在整个路面寿命周期内进行3~4次预防性养护可以延长公路路面使用寿命10~15年,节约养护费用45%~50%,而且公路采用预防性养护能够保证道路使用寿命,提高道路运行能力。随着公路建设进入饱和阶段，公路管理者们"重建设，轻养护"的观念逐渐转变为"建养并重、协调发展、深化改革"。各省纷纷制定了自己的路面预防性养护技术指南和路面预防性养护计划，现如今我国高等级公路沥青路面常用的预防性养护技术主要有：雾封层、稀浆封层、微表处、碎石封层及同步碎石封层、罩面等。目前预防性养护主要应用在高等级公路上，基于农村公路的养护特点，农村公路的预防性养护应用较少。

第13章 农村公路养护管理模式

《农村公路养护管理办法》中规定农村公路养护管理应当遵循以县为主、分级负责、群众参与、保障畅通的原则,按照相关技术规范和操作规程进行,保持路基、边坡稳定,路面、构造物完好,保证农村公路处于良好的技术状态。

县级人民政府应当按照国务院的规定履行农村公路养护管理的主体责任,建立符合本地实际的农村公路管理体制,落实县、乡(镇)、建制村农村公路养护工作机构和人员,完善养护管理资金财政预算保障机制。

县级交通运输主管部门及其公路管理机构应当建立健全农村公路养护工作机制,执行和落实各项养护管理任务,指导乡道、村道的养护管理工作。

县级以上地方交通运输主管部门及其公路管理机构应当加强农村公路养护管理的监督管理和技术指导,完善对下级交通运输主管部门的目标考核机制。

鼓励农村公路养护管理应用新技术、新材料、新工艺、新设备,提高农村公路养护管理水平。

13.1 农村公路养护体制

农村公路管养机构的设置应按照"统一领导,分级管理,以县为主,乡镇、村尽责"的原则,县道由县级公路管理机构负责养护,乡道、村道由乡镇政府负责养护的管养模式。在分级养护模式下,成立相应的农村公路管养机构,配备管养人员,切实承担日常养护职责。

在镇、街道设立农村公路管理站,统一挂牌,并按规定建章立制,其主要管养职责如下:
(1)负责乡村公路日常养护和养护工程组织实施工作;
(2)向市相关部门编报乡村公路养护建议计划;
(3)筹措落实并合理规范使用乡村公路养护资金;
(4)负责乡村公路养护巡查和检查考核工作;
(5)落实专职管理人员,做好日常养护作业队伍管理工作;
(6)积极创造条件建立健全公路应急抢险工作机制,公路突发事件发生时,及时做好安全警示、交通组织和应急抢通修复工作,保障公路安全畅通;
(7)建立完善农村公路养护管理内业台账;
(8)组织村民委员会、农村公路沿线单位和个人共同做好爱路护路工作;
(9)组织协调农村公路养护管理的有关重大问题。

明确专职管理人员。按管养里程原则上每50km配员一名,管理人员应具有一定的公路专业知识、主动接受市交通运输管理部门的行业指导和技术培训。

成立日常养护作业队伍。镇、街道农村公路管理站要建立相对固定且专业化的日常养护队伍,实施"统管统养模式"或"市场化模式"进行统一管理养护。

落实应急抢险队伍。应急抢险队伍要明确人员和主要职责,充分发挥党员干部和青年民兵的积极作用,切实承担起农村公路应急抢险职责。

13.2 农村公路养护资金

农村公路养护管理资金的筹集和使用应当坚持"政府主导、多元筹资、统筹安排、专款专用、强化监管、绩效考核"的原则。

农村公路养护管理资金主要来源包括：

(1)各级地方人民政府安排的财政预算资金。包括：公共财政预算资金；省级安排的成品油消费税改革新增收入补助资金；市、县级安排的成品油消费税改革新增收入资金(替代摩托车、拖拉机养路费的基数和增量部分)。

(2)中央补助的专项资金。

(3)村民委员会通过"一事一议"等方式筹集的用于村道养护的资金。

(4)企业、个人等社会捐助，或者通过其他方式筹集的资金。

农村公路养护资金应当实行独立核算，专款专用，禁止截留、挤占或者挪用，使用情况接受审计、财政等部门的审计和监督检查。

第14章　农村公路日常养护

日常养护计划以提高农村公路好路率为目标,重点提升公路养护整体质量和服务功能,计划编制应本着"预防为主、防治结合、因地制宜、规模适当"的原则。

14.1　一般要求

1）日常养护工作重点

（1）保持路基稳定、路面平整、路肩整洁、排水畅通、构造物和沿线各类设施完好,确保道路畅通。要求公路管理部门与公路管理人员签订责任书,明确管护责任,管护标准,建立定期上路巡查制度,建立健全日常养护台账档案,做好日常养护记录。对在公路用地范围内乱倒垃圾、堆放杂物、乱挖乱建、损坏公路的行为及时进行制止清理和汇报,维护路产路权。同时还要将养护管理职责进行层层分解,在每一个管护路段设立养护管理责任牌,将养护管理的具体人员名单、养护管理的里程、内容、责任和举报联系方式等予以公示,便于群众进行监督。

（2）建立应急机制,及时处置突发状况。做好特殊天气条件下的公路养护工作预案,对防台、防洪、防坍塌等突发状况要有处置机制。在突击抢修上,要根据先通后畅保重点的原则,不等、不靠、积极、及时进行突击抢修。在日常工作中,要组织针对水毁抢修等突发状况处置的实战演练,着力提高队伍快速启动和处置公路灾害及突发事件的能力。

（3）明确目标,提高管养队伍素质。要根据各地制定的农村公路管养标准,明确农村公路管理养护责任主体,负责做好农村公路日常养护工作。对于养护人员队伍建设,从抓制度落实入手,做到各项管理工作有章可循。

（4）建立信息制度,确保政令畅通。落实巡查汇报制度,制定安全应急预案,及时准确汇报各种自然灾害、安全隐患问题,真正发挥公路养护管理部门的职能。

（5）加强宣传,营造爱路护路氛围。加强对《中华人民共和国公路法》《农村公路养护管理办法》等相关法律法规的宣传,充分运用墙报、板报、横幅、标语等形式以及桥梁、房屋墙体等一切可以利用的宣传平台书写固定标语进行宣传。通过宣传提高公路沿线广大群众的法律意识和保护公路的自觉性,使公路沿线单位、村庄及群众家喻户晓,从而在全社会形成一个"爱路光荣、损路可耻"的良好社会风气。并做好宣传资料、照片等档案整理工作。

2）农村公路日常路政管理

日常路政管理工作主要做好以下几方面：

（1）充实执法队伍人员,配置相应的路政专用车辆、照相机、摄像机、安全指挥棒,大型车辆固定锁等设施,要制定和完善一整套农村公路路政管理规章制度,加强制度建设,对各路政人员岗位职责、办事程序及流程进行进一步的明确。

（2）把宣传工作放到首位,以电视和发放宣传单为重点,进行集中整治、联合执法、统一行动,扩大宣传范围。

（3）强化管理,按照《中华人民共和国公路法》《路政管理规定》,建立相应的管理制度,完善执法程序,规范执法行为,坚持依法行政,保护好路产路权。

（4）协调好各方面关系,特别是同各乡镇政府、行政村的关系,紧紧依靠当地党委政府、行政村开展路政管理工作。

3) 日常养护安全管理

农村公路日常养护作业以临时、移动和短期养护作业为主,部分涉及长期养护作业。临时养护作业为定点作业时间大于30min且小于或等于4h;移动养护作业为连续移动或停留时间不超过30min的动态养护作业,分机械和人员移动养护作业;短期养护作业为定点作业时间大于4 h且小于或等于24h;长期养护作业为定点作业时间大于24 h,相关要求参照《公路养护安全作业规程》(JTG H30—2015)执行。

短期养护作业应按要求布置作业控制区:警告、上游过渡、缓冲、工作、下游过渡、终止等区域,可采用易于安装拆除的安全设施;临时和移动养护作业控制区布置可在短期养护作业控制区基础上,根据实际情况,在保障安全的前提下进行简化,如临时养护作业控制区可在短期养护作业基础上减少区段长度,有移动式标志车时可不布置上游过渡区;移动养护作业控制区可仅布置警告区和工作区,警告区长度可减小。

养护作业人员应按有关规定穿着反光服,佩戴安全帽。交通引导人员尚应符合下列规定:

(1)交通引导人员应面向来车方向,站在可视性良好的非行车区域内;

(2)一级公路养护作业时,交通引导人员宜站在警告区非行车区域内。

4) 日常养护资金管理

农村公路日常养护资金管理应认真贯彻执行国家的法律法规和有关方针政策,接受业务主管部门的指导和监督。健全账册,规范会计核算。在公路养护资金管理上必须始终坚持"专款专用,量入为出"的原则,分清资金渠道,做到使用资金有计划有来源,严格执行财务法规、财经纪律,健全完善财务规章制度,加强基础工作规范化管理。财务账务要做到账目清楚、规范,并做到专款专用,杜绝计划外开支。

14.2 路基日常养护

路基是公路工程的重要组成部分,是路面的基础,它承受由路面结构层传递下来的行车荷载和自然因素的作用。路基的强度和稳定性直接影响路面的平整度和强度,是保证路面稳定的先决条件。路基质量的好坏,将直接影响到路面的使用性能,从而对道路使用者的行车安全性、舒适性以及行驶速度产生极大的影响。路面的损坏,往往与路基的排水不畅、路基构造物的缺损有直接关系,因此维持路基良好状态应在养护中保持路基土的密实、排水性能良好、各部尺寸和坡度符合要求、及时消除不稳定因素和修复损坏部分。

14.2.1 路基日常养护工作内容和要求

路基日常养护的基本要求是通过巡查检查发现路基病害,分析病害产生的主要原因,及时采取维护与修复的有效措施,使路基经常保持良好稳定的技术状态,各部尺寸符合技术要求;以达到路肩平整密实、整洁,横坡顺适;边坡稳定,无亏坡、冲刷,坡度符合技术要求;排水畅通,设施完好,无淤塞、损坏;挡土墙等附属设施完好无损坏,满足功能要求;做好路基翻浆、塌方、山体滑坡、泥石流等灾害的处治和抢修,主要工作内容包括:

(1)整理路肩、边坡,修剪路肩,整理分隔带,清除杂物,保持路容整洁;

(2)疏通边沟,保持排水系统畅通;

(3)清除挡土墙、护坡滋生的有碍设施功能发挥的杂草,修理伸缩缝,疏通泄水孔及清除松动石块。

路基养护的基本要求是通过日常检查和定期检查,发现问题,分析原因,及时采取维修措施,以达到以下要求:

(1)路肩无车辙、坑洼、隆起、沉陷、缺口、横坡适度、边坡顺直、表面平整、清洁;

(2)边坡稳定、平顺,无冲沟,坡度合乎规定;

(3)边沟、截水沟、排水沟保持无杂草,无淤塞,纵坡适度,水流畅通,进出口良好;

(4)挡土墙、护坡及防雪、防沙等设施,应保持完整无损坏,砌体伸缩缝填料完好,泄水孔无堵塞;

(5)对翻浆路段,应及时治理、尽速恢复到原有的情况;对塌方、滑坡、泥石流等病害做好防护抢修,尽力缩短阻车时间。

14.2.2 路基常见病害养护技术

路基因承受着路面结构层传递下来的行车荷载以及土体自身重力和各种自然因素的作用,较易发生变形或者破坏。路基常见病害有以下几种:一是路基冲沟、沉陷、沉降类;二是路基崩塌、塌方、滑坡类;三是路基翻浆、弹簧类;四是路基湿陷、陷穴类;五是路基冻胀、盐胀、溶陷类;六是泥石流类;七是挡土墙变形。

1)冲沟、沉陷、沉降类养护技术

公路路基冲沟、沉陷、沉降、路基边坡或山坡受流水冲刷作用而形成的沟,养护时应及时用土回填,修复夯实;路基压实度不足,或地基土质不良,在水、荷载等作用下产生的不均匀的竖向变形,养护则应按原高度填平夯实,并注意排水;地基在荷载作用下受压缩而产生的竖向变形,养护则应按原高度填平夯实,原地面为软弱土层时,养护时应另行处治。

2)崩塌、塌方、滑坡类养护技术

公路路基边坡崩塌、塌方、滑坡路基边坡土体或岩层在自重作用和人为因素的影响下破坏了岩土体的平衡,突然从边坡上崩塌下来的现象称为崩塌,养护防治可整修边坡,土质边坡采用密铺草皮或用石料砌筑防护构造物;路基边坡因坡度过陡,在地面水和地下水的作用、岩土风化、重力的作用和巨大的震动影响下,引起的坍塌称塌方,其养护防治应引走表面水、截断水流,采用植物防护等措施;路基山坡土体或岩层,长期受水浸湿,其结构被破坏,失去支撑力,在自重作用下,整体或局部沿着一个滑坡面向下滑动称为滑坡,其养护防治应以排水疏导为主,并设必要的支撑建筑。

3)翻浆、弹簧类养护技术

春融期间,在公路路基翻浆、弹簧现象季节性冰冻地区,路基或路面基层含水率过大,强度急剧降低,在行车作用下造成路面破裂沉陷,冒出泥浆等现象称为翻浆,其养护防治主要是搞好排水,挖除翻浆层,换土或换铺粒料、石灰土等分层回填夯实,视病害程度也可采用提高路基、降低地下水位、增修暗管、盲沟、修隔温层、透水隔离层等办法;路基或路面基层含水率过大,路面整体强度减弱,在行车作用下,路基或路面出现软弹的现象称为弹簧,其养护防治与处理翻浆相似。

4)公路路基湿陷、陷穴类养护技术

黄土地区路基遇水后具有疏松、湿陷等特性,在重力和外力作用下,产生的沉陷现象,称湿陷。对边坡疏松土层采用挖台阶办法清除,对疏松坡面应拍打密实,或植草皮防护,对高路堤边坡加固铺砌护坡,同时做好路基路面的排水、导水设施。黄土地区台地边缘,沟谷两岸等处,由于坡面经流集中,流水沿节理下渗侵蚀黄土而成的穴孔,称陷穴,防治可采用岩溶穴洞处理办法。

5)冻胀、盐胀、溶陷类养护技术

寒冷地区冬季,路基土层内的水分冻结,发生体积膨胀,造成隆起的现象,称冻胀。其防治应加强排水,保持路基干燥,减少水融,选用砂、砾等非冻胀性材料进行养护。

6)泥石流类养护技术

山区沟谷多、坡度大、山表植被受到破坏,岩层风化破碎形成大堆积物,在暴雨、融雪水的冲击下,就会急冲而下冲毁公路,此现象称为泥石流。泥石流的养护防治应综合治理,先在路段上侧开沟引水至安全处,做好水土保持,再种植乔、灌木林和修建挡土墙,并在养护中及时清除碎落物。

7)挡土墙变形类养护技术

挡土墙发生倾斜、鼓肚、滑动或下沉时而进行的加固。其加固措施有:挡墙锚固、套墙加固、支撑墙加固等方法。

路基病害的产生和地质、设计、施工等路基形成前的各个环节有关,更与路基形成后的日常养护和管理密不可分。总之,要做好公路路基病害的防治工作,需要在实践中不断总结经验,并根据实际情况采取针对性的措施,有效防止路基病害的产生。

14.2.3 路基的加固与改善

1）路肩的加固和改善

公路路肩一般采用种植草皮加固,如果为了防止雨中会车时的泥泞陷车,则可采用粒料加固,铺筑加固层厚度不宜小于15cm。应尽量采用挖槽铺筑,注意路肩与路面交界处的平顺并保持适当的横坡度。

坡度较大的坡道上,雨水顺坡而下,流速较大,易把路肩冲成顺路向的沟槽,应从坡顶至坡脚每隔10~20m在路肩上挖出向下倾斜的浅沟,填以碎、砾石,并掺土夯实,以防冲刷并利于排水。

2）边坡的加固和改善

对路基边坡的加固方法包括：一是如果边坡时常坍塌,可予以刷缓;如果路堤很高,也可以在边坡的半腰上修护坡道。二是如边坡表面易被雨水等冲刷,可在坡面上种草皮、棉柳和荆条等灌木。三是河岸边的路基边坡,常受水流冲刷,需进行加固,一般可在坡脚栽柳树、芦苇等来保护坡脚,或在常被水淹没的边坡上,铺砌护坡。

3）边沟的加固和改善

山岭或丘陵区的边沟,有的区域沟底纵坡陡,水流急,常因沟底及边坡脚被冲刷而导致边坡坍塌,所以这些地段的边沟必须加固。可以采用以下三种加固方法：

（1）草皮加固边沟,即在沟底和高水位以下的沟壁全铺草皮,以防冲刷。此法仅适用于水流不太急的情况。

（2）设置拦水坝缓和流速防止冲刷,即根据沟底纵坡的大小,每隔一定距离设置一个石砌拦水坝,坝上游填铺一层片石。

（3）在流速较大的边沟,用砖、石加固边沟为宜。此法先在底下铺10cm左右的砾石垫层,上面再铺20cm砖、石层。

边沟和附近河流湖塘底接头的地方,当沟底比河塘底高很多时,可在沟与河塘底接头的地方修"台阶式跌水",平原地区可用砖（石）修"水簸箕"。

4）急弯陡坡的改善

路线上的急弯和陡坡,对行车安全和行驶速度影响很大,应根据轻重缓急,对急弯逐步放大平曲线半径予以改善。对于曲折严重的连续弯道,亦应尽早地进行裁弯取直;对陡坡路段,可适当降低坡度。降坡施工时,应注意先降半边路基,另半边维持通车。

5）路基的加宽与加高

因交通量发展,原路基宽度不能适应需要时,应按需要的公路等级标准予以加宽。加宽时,应先将原路基边坡挖成台阶,而后用与原路基相同的土壤夯填。

有的路段低洼,常被洪水淹没,需要予以加高。施工时应先把原路表面拉毛,并洒水润湿,再分层填土压实。

14.3 路面日常养护

路面是在公路路基表面各种不同材料或混合料分层铺筑而成的层状结构物,它直接承受行车垂直力和水平力作用,直接承受自然因素作用。

14.3.1 路面日常养护工作内容和要求

路面因反复承受车轮及磨损、冲击,遭受暴雨、洪水、日晒等自然力的侵蚀,以及设计、施工中留下的

缺陷,使得公路的使用功能和行车服务质量破坏,各类病害也产生较多。路面日常养护主要工作内容包括:

(1)清扫路面泥土、杂物,保持路面整洁;

(2)排除路面积水、积雪、积冰、积砂,铺防滑料等;

(3)处理沥青路面的泛油、拥包、裂缝、松散等病害;

(4)拦水带(路缘石)的刷白、修理;

(5)水泥混凝土路面接缝保养。

路面养护应采取预防为主、防治结合,经常性的保养和修理,以保持路面平整度良好,横坡适度,排水畅通。应定期对路面损坏情况、平整度进行调查,评定现有路面的使用质量,为路面的科学养护提供决策依据。

14.3.2 路面常见病害养护技术

路面因路基强度下降以及行车荷载和各种自然因素的作用,发生变形或者破坏后形成路面病害。路面按其材料性质分为沥青路面病害和水泥混凝土路面病害。沥青路面常见病害有车辙、裂缝、坑槽、脱皮、松散等五类;水泥混凝土路面常见病害有路面裂缝、表面损坏、接缝损坏、变形损坏等四类。

1)沥青路面常见病害及养护技术

(1)车辙。是在行车荷载重复作用下,路面产生永久性变形积累形成的带状凹槽。

车辙如果由于基层强度不足、水稳性能不好,使基层局部下沉的应先处治基层,将面层和基层完全挖除后换填合格材料;如果路面受横向推挤形成横向波形车辙,若已经稳定,可将凸出的部分削除,在波谷部分喷洒或涂刷黏结沥青并填补沥青混合料并找平、压实;如果车道表面因车辆行驶产生推移的车辙,应将出现车辙的面层切削或铣刨清除,然后重铺沥青面层。

(2)裂缝。如果在高温季节全部或大部分可愈合的轻微裂缝,可不加处理。

如果在高温季节肯定是不能愈合的轻微裂缝,要及时进行维修,控制裂缝的进一步扩大,防止导致路面早期破坏,提高公路使用效率。裂缝可用灌油修补法,即在冬季,将纵横裂缝处清扫干净,用液化气将缝壁加热至黏性状态后,再把沥青或沥青砂浆(在低温潮湿季节宜喷洒乳化沥青)喷抹到缝中,再匀撒一层2~5mm的干燥洁净石屑或粗砂加以保护,最后用轻型压路机将矿料碾压。如果是细小的裂缝,则要预先用盘式铣刀进行扩宽,再按上述方法做处理,沿裂缝涂刷少量稠度较低的沥青;裂缝处理也可将裂缝凿成V形槽,用空压机吹除V形槽中及其周围的松动部分和尘土等杂物,然后通过挤压枪把已经拌和均匀的修补材料灌入裂缝中,使之饱满,待修补材料凝固后开放交通。

(3)坑槽。主要是车辆修理或机动车用油渗入路面污染使沥青混合料松散,或者由于沥青混合料本身质量、碾压等原因经行车碾压后形成的。

坑槽是由于基层局部强度不足等使基层破坏而形成的,处理时应将面层和基层完全挖除,再换填合格材料;坑槽仅处理面层时按"圆洞方补"的原则,画出与路中心线平行或垂直的坑槽修补轮廓线,按长方形或正方形来进行,凿开坑槽至稳定部位,用空压机将槽底、槽壁的尘土和松动部分清除干净,然后在干净的槽底、槽壁喷洒黏层,再填入沥青混合热料,用压实设备进行碾压至完成压实。

(4)脱皮。主要是因为水损害或面层与基层之间黏结问题以及初期养护不良等原因引起面层层状脱落。

面层与基层之间因黏结不良而产生的脱皮,应先清除掉脱皮、松动的面层,分析黏结不良的原因,再重新做上封层,所做封层的沥青用量及矿料粒径规格应符合规范要求,最后再重做沥青面层。

(5)松散。是由于路面结合料失去黏结力、集料松动形成的。

松散如果因沥青与酸性石料间的黏附性不良而造成时,应将松散部分全部挖除后,重作面层;因嵌缝料散失出现轻微麻面且沥青面层不贫油时,可在高温季节撒适当的嵌缝料,并用扫帚扫匀,使嵌缝料填充到石料的空隙中;大面积麻面就要喷洒稠度较高的沥青,并撒适当粒径的嵌缝料,应使麻面部分中部的嵌缝料稍厚,周围与原路面接口要稍薄,定型要整齐,并碾压成型。

总之,沥青路面在使用过程中,难免会出现车辙、裂缝、松散、坑槽、脱皮等破损病害,及时有效地维修会有效控制病害加重扩散,有效延长农村公路沥青路面的使用寿命。

2)水泥混凝土路面常见病害及养护技术

(1)裂缝是指垂直、平行于路线方向的规则裂缝或两条及两条以上的交叉,分横向、纵向、交叉三种裂缝。

横向裂缝产生的主要原因有水泥混凝土失水干缩、冷缩、切缝不及时等造成;纵向裂缝产生主要是路基填料不均匀、含水率不均匀、施工方法不当等,导致路基不均匀沉降而造成;交叉裂缝主要是水泥混凝土自身强度不足、路基和路面基层的强度和水稳定性差以及水泥性能不稳定等原因造成。

裂缝修补处治时要根据具体情况采用相应的技术措施。缝宽不足0.5mm的非扩展性表面裂缝,采用压注灌浆法;局部性裂缝,且缝口较宽时,采取扩缝灌浆法;对贯穿全厚的裂缝,采用条带罩面法;对裂缝宽度大于3mm的裂缝,用环氧树脂与固化剂搅拌均匀后直接灌注。

(2)表面损坏有纹裂、网裂、板面起皮和剥落,麻面、磨光,坑槽、孔洞等。

纹裂和网裂是指路面板表层出现的浅而细或发丝状的表面裂纹和网状裂纹,其产生的原因主要是水泥混凝土水灰比过大,施工时过度抹面、养护不及时,在水泥混凝土拌和过程中用了含盐量偏高的水和质量低劣的集料,或水泥中的碱与集料中的特定矿物质发生碱硅反应等,故在施工过程中,对集料的质量应严格把关,严控用水量,必要时,还应对水的质量进行检验。

麻面是指水泥混凝土路面板表面结合料磨失,成片或成段路面板呈现过度的粗糙表面的现象,麻面一般是由于水泥混凝土路面施工时,在混凝土初凝前遇雨所致,路面混凝土保护层脱落导致集料裸露的现象称为露骨,其产生的原因主要是混凝土表面灰浆不足,泌水提浆,从而造成混凝土路面表层强度不足。

磨光是指水泥混凝土路面板在车轮荷载作用的重复碾磨后,表面摩擦系数下降到极限值以下,从而严重影响行车安全。磨光的主要原因是水泥混凝土路面表面水泥砂浆层强度低,水泥及集料等原材料耐磨性差,或路面使用时间较长等。

孔洞是由于水泥混凝土混合料是一种多相不均匀材料,在水泥混凝土路面板强度较低处易出现局部破损,并形成面层集料局部脱落而产生的坑槽。孔洞、坑槽产生的原因主要是由于集料含泥量过大,混凝土内有泥土或其他杂物。

表面损坏视具体情况可采用相对较简单的处治方法,可先对损坏部位画线放样,按放样范围开凿成深约5~7cm的长方形凹槽,刷洗干净后,用快凝小石子混凝土填补。

(3)接缝包括横缝(胀缝、缩缝)、纵缝和施工缝。

设置目的是减少或避免由于水泥混凝土热胀冷缩产生的应力对路面板的破坏作用。但是接缝设置不当或接缝损坏也会降低路面的整体使用性能,甚至使路面板更快地遭到破坏。

水泥混凝土接缝损坏主要有填缝料损坏、接缝破碎、唧泥等形式。填缝料损坏是指接缝内无填料,填料破损及接缝内混杂砂石等不正常现象,填缝料损坏的主要原因有:填缝料本身质量不合格,填缝料在长期外界环境作用下老化、脆裂,或由于混凝土路面板受热膨胀,挤压胀缝,致使填缝料被挤出,不能正常复原等。接缝碎裂是指水泥混凝土路面板接缝两侧各60cm左右宽度内倾斜的剪切挤碎现象,接缝碎裂主要是指由于填缝料损坏,泥、砂等杂物侵入胀缝,导致路面板再次膨胀时受阻,或雨水渗入基层和垫层,使基层强度降低,从而导致路面接缝处的变形和破损。唧泥是指车辆通过时,基层细料和水一起从接缝处挤出的现象,唧泥产生的原因是填缝料破坏,雨水下渗等。

接缝修补施工时,为保证清缝质量,对杂物充填较多的纵缝,必须用切缝机切割,其他缝也应用铁铲对杂物和老化的填料进行清理,然后用高压气体吹净。对加热型填缝材料,按规定进行熔化,使其具有较好的流动性,加热温度不宜过高、过低,时间不宜过长,以避免材料老化或流动性较差。用黄油枪或扁嘴铁壶沿缝方向均匀浇灌加热后的填缝料至缝填满为止(不宜过高或过低),灌缝深度至少应大于

1.5cm,灌缝应在路面干燥及路面板下没有积水时进行,保证填料与缝壁黏结牢固且不被高压水剥离、挤出。根据填缝料性质,做好施工交通控制工作,待填缝料冷却后开放交通(一般需30min),以免其被行车粘掉。坚持周期性养护,根据填料有效使用寿命,对全部构造缝进行全面清缝和普灌,其后每年入冬和雨季之前进行补灌,保证构造缝全部密封。

(4)变形损坏是由于水泥混凝土硬化后是非塑性的,因此水泥混凝土路面板的变形破坏是指水泥混凝土路面板接缝处产生的错台、拱起和沉陷等现象。

错台是指相邻水泥混凝土路面板在接缝处产生的垂直高差,错台产生的原因是横缝处未设置传力杆,由于基层或路基体压实不均匀,致使相邻水泥混凝土路面板在车辆的重复荷载作用下,产生不均匀沉降。

拱起是指横缝两侧的混凝土路面板板体发生明显抬高的现象,相反,沉陷则是指横缝两侧的混凝土路面板板体发生明显下沉的现象,拱起产生原因主要是胀缝被硬物阻塞,或胀缝设置过少,使路面板受热时不能自由伸张,沉陷产生的原因主要是填缝料损坏导致雨水从接缝处下渗,软化基层,甚至软化路基体,使路面板接缝下方的基层和路基体承载力下降,路面板跟着下沉,拱起和沉陷都将对车辆行驶的舒适性和安全性造成很大的影响,施工时合理设置胀缝,运营中有效维护好接缝,可以有效避免此类损坏的发生。

变形损坏的板块修补应根据错台量等具体处理,如可采用压浆调整,恢复平顺。调整后仍有高差,且错台量小于10mm时,可用建筑磨平机打磨掉高出的部分或人工凿除高出部分,凿除(打磨)宽度一般为10~30cm,错台量大于10mm时,在低的一侧用沥青砂或细粒式沥青碎石衬平,衬补长度按高差的1%~2%计算,也可用聚合物水泥砂浆薄层修补,修补前应用钢丝刷将原路面清理干净。大面积麻面、平整度差等结构性病害,常采用沥青混凝土罩面处理,处理厚度应大于2.5cm,罩面前要对破碎板及整个路面进行修补和压浆处理。一般的麻面可不作处理,只对露骨严重部分作整段处理,可用聚合物砂浆作薄层处理。

破碎板块修补采取换板方式处理水泥混凝土路面严重破碎板,即挖除整块破碎板,然后浇筑水泥混凝土,板厚与原面板厚度一致,但一般不宜小于24cm,否则可采用钢筋混凝土进行修复。板角断裂等破损采用局部修补方式,即对板角断裂的部分逐渐凿除成正方形或矩形,在原板壁上加装传力杆后,在凿除位置浇筑混凝土。其具体工艺流程为:板块破碎、凿除—基底清理—补设拉杆、传力杆—混凝土拌和及运输—钢筋网制作—混凝土浇筑—接缝设置—养护。

14.4 桥涵日常养护的内容和要求

桥涵日常养护工作的主要内容:桥梁桥面系、支座和桥墩、桥台基础的日常养护,钢桥、涵洞、通道的日常养护。

14.4.1 桥面系的养护

桥梁栏杆、示警柱等设施应经常保持清洁、完好状态;伸缩缝应经常养护,缝内无杂物,行车不颠跳;桥面泄水孔保持畅通、无堵塞;桥面铺装保持平整完好,对已出现的破损部分及时修补。

(1)桥面系应经常检查,发现缺损及时养护维修。
(2)桥梁栏杆每年清洗一次,并进行一年一度的定期油漆。
(3)桥面伸缩缝每月至少检查一次,做好检查记录;及时铲除缝内沉积物,保持表面平顺,不跳车。
(4)桥面泄水孔每月检查一次,及时清理疏通,保持桥面排水畅通,雨季加强检查,暴雨时随时检查。
(5)桥面铺装、伸缩缝混凝土若表面出现碎裂或脱皮现象,应将破损部分凿除,沿铺装层内钢筋方向凿成方形或矩形,并及时修复。

14.4.2 桥梁支座的养护

桥梁支座是桥梁上下部结构的结合点,一有损坏,将严重影响桥梁的承载能力和使用寿命,必须注意经常养护。支座各部位应保持完整、清洁,保证其处于正常的传递功能状态。

公路的桥梁支座大多为橡胶支座,支座每季度应检查并清扫一次,排除墩台帽积水和杂物。橡胶支座已老化的应及时报告养护主管部门。

14.4.3 桥墩、桥台基础的维修养护

桥梁墩台表面应保持清洁,桥台锥坡、八字翼墙等圬工的砌体应保持完好无损,无砂浆剥落、蜂窝麻面、塌陷、变形等病害。

（1）桥梁墩台、基础每月检查一次,并做好检查记录。

（2）墩台表面应保持清洁,及时清除青苔、杂草、荆棘和污秽。

（3）当圬工砌体长期受大气影响、雨水侵蚀而发生勾缝脱落时,应重新勾缝。

（4）混凝土表面发生侵蚀剥落、蜂窝麻面等病害,应及时将周围凿毛洗净,用水泥砂浆抹平。

（5）圬工砌体镶面部分严重风化和损坏时,应予更换。用石料或混凝土预制块补砌,应结合牢固,色泽和质地与原砌体基本一致。

（6）墩台周围河床冲刷严重、危及基础的,除修补被冲空的基础外,必须在洪水期过后,采取必要的防护措施,以防再次被冲坏。

（7）桥台锥坡及八字翼墙在洪水冲击或填土下沉的作用下容易发生变形和铺砌层勾缝脱落,修复时应注意夯实填土,常水位以下应采用水泥砂浆浆砌片块石,并勾缝。

（8）墩台因碰撞产生裂缝、剥落等现象,要及时采取措施进行修补。

14.4.4 钢桥的养护维修

钢桥的各部件应焊接完好,无局部变形。各节点铆钉、螺栓无松动、损坏,油漆无变色、起泡、剥落出现。钢桥各节点有松动、脱焊、变形,应及时采取措施维修。

（1）保持铆钉、螺栓接合和焊接的正常状态,对有损伤裂缝的杆件和铆钉、螺栓等应经常观察其发展情况,并标上颜色记号,做好记录。

（2）防止桥梁杆件锈蚀,定期进行油漆,通常情况下每三个月进行一次油漆。

（3）矫正杆件局部变形。

（4）对基座的观察保养。

（5）经常清除节点和缝隙部位的积水,保持清洁干燥。

（6）所有松动和损坏的铆钉应予更换,凡是更换过的铆钉在检验之后均应涂上与桥梁结构显著不同的颜色。

（7）螺栓接合应保证接合杆件间的紧密,如接合杆件表面位置有角度时则应在螺帽下垫楔形垫圈。

（8）钢结构的污垢应勤加清除,保证杆件清洁,特别应注意在钢结构上最易积聚污垢的部位,清除的污垢不应从泄水孔或排水槽中扫出,以免堵塞。

（9）钢杆件如角钢、槽钢、工字梁翼缘的局部弯曲,可用撬棍矫正。较严重的可用弓形螺旋顶或油压千斤顶来矫正,禁止用烧锻钢材的方法矫正。

（10）装配式钢桥要经常对各部件接合点的销子、螺栓、横梁夹具、抗风拉杆等进行检查。如有松动或缺损应及时拧紧和修补更换;销子周围应勤涂油脂,防止雨水进入销孔缝隙;外露的螺栓丝和扣亦应涂油脂以防锈蚀。

14.4.5 涵洞、通道的清理与维修养护

涵洞洞身、涵底、进出水口、护坡和填土应保持完好、清洁、不漏水,保证水流在任何情况下都能顺畅地通过涵孔,排到适当地点。通道内应保持清洁,无积水。

(1)除日常养护外,涵洞汛期前后应加强养护,全面检查、疏通、清扫,及时清除涵洞内及涵洞口淤积及杂物,对有隐患和损坏的部分及时维修。

(2)涵底和涵墙出现渗水,对涵洞本身和路基的危害都很大,应立即查明原因,分别采取下列方法处治:

①疏整水道,使洞口铺砌与上下游水槽坡道平齐顺适。
②保持洞内底面平顺,并有适当纵坡。
③用水泥砂浆铺底和涵墙勾缝。

(3)涵洞进水口周围的路堤应保持坚固。每次洪水过后,应检查有无渗漏、掏空、缺口或冲刷现象。如有此类现象发生,应及时进行修补。

(4)倒虹吸管在长期流水压力作用下容易破裂漏水,造成路基软化,应注意检查。

(5)涵洞挖开修复时,应维持通车,并设立安全标志。

(6)涵洞进出水口处如被水流冲刷严重,可用浆砌块石铺底,并用水泥砂浆勾缝。

(7)涵洞两端锥坡、挡墙应经常检查,遇有倒塌、孔洞、开裂、砂浆剥落等现象必须及时进行修补,修补质量不得低于原构造物质量。

桥涵养护人员需注意收集、掌握路况和交通信息。路况信息包括有关公路设施的损坏、受灾等内容以及公路、桥梁、涵洞等构造物的形状、尺寸等基础数据。交通信息包括有关交通量、行车速度、交通堵塞、交通事故等内容。

14.5 隧道日常养护的内容和要求

(1)隧道日常检查的频度应不少于1次/月,重要的公路或长隧道宜不少于1次/周。在雨季或冰冻季节,应加强日常检查工作。

(2)日常检查主要采用目测方式,配合以简单的检查工具进行,以定性判断为主。检查内容及判定标准宜按表14-1执行。

表14-1 日常检查内容及判定表

项目名称	检查内容	判定 B	判定 A
洞口	边(仰)坡有无危石、积水、积雪;洞口有无挂冰;边沟有无淤塞;构造物有无开裂、倾斜、沉陷等	存在落石、积水、积雪隐患;洞口局部挂冰;构造物局部开裂、倾斜、沉陷,有妨碍交通的可能	坡顶落石、积水漫流或积雪崩塌;洞口挂冰掉落路面;构造物因开裂、倾斜或沉陷而致剥落或失稳;边沟淤塞,已妨碍交通
洞门	结构开裂、倾斜、沉陷、错台、起层、剥落、渗漏水(挂冰)	侧墙出现起层、剥落;存在渗漏水或结冰,尚未妨碍交通	拱部及其附近部位出现剥落;存在喷水或挂冰等,已妨碍交通
衬砌	结构裂缝、错台、起层、剥落	衬砌起层,且侧壁出现剥落状况,尚未妨碍交通,将来可能构成危险	衬砌起层,且拱部出现剥落状况,已妨碍交通,并有继续恶化的可能
衬砌	(施工缝)渗漏水	存在渗漏水,尚未妨碍交通	大面积渗漏水,已妨碍交通
衬砌	挂冰、冰柱	存在结冰现象,尚未妨碍交通	拱部挂冰,形成冰柱,已妨碍交通

表 14-1　日常检查内容及判定表(续)

项目名称	检查内容	判定 B	判定 A
路面	落物、油污；滞水或结冰；路面拱起、坑洞、开裂、错台等	存在落物、滞水、结冰、裂缝等，尚未妨碍交通	拱部落物，存在大面积路面滞水、结冰或裂缝，已妨碍交通
检道	结构破损；盖板缺损；栏杆变形、损坏	栏杆变形、损坏；道板缺损；结构破损，尚未妨碍交通	栏杆局部毁坏或侵入建筑限界；道路结构破损，已妨碍交通
排水设施	破损、堵塞、积水、结冰	存在破损、积水或结冰，尚未妨碍交通	沟管堵塞，积水漫流，结冰，设施破损严重，已妨碍交通
吊顶	变形、破损、漏水(挂冰)	存在破损、漏水，尚未妨碍交通	破损严重，或从吊顶板漏水严重，已妨碍交通
内装	脏污、变形、破损	存在破损，尚未妨碍交通	破损严重，已妨碍交通

检查结果应及时填入"日常检查记录表"，翔实记述检查项目破损类型，估计破损范围和程度以及养护工作量，作出判定分类，并采取相应的对策措施。

（3）检查人员应对有关的技术资料、档案进行调查，并对隧道周围的地质及地表环境等展开实地调查，以充分掌握相关的技术信息，确保专项检查结果的准确性。

（4）检查的结果可按外荷载作用、材料劣化和渗漏水三种主要情况分别考虑，进行判定分类。由外荷载作用而导致的结构破损，以衬砌变形、移动、沉降、裂缝、起层、剥落以及突发性的坍塌等为主要表现形态。

14.6 绿化日常养护的内容和要求

公路绿化日常管养包括公路用地内新植(补植)绿化工程及植物防护工程的日常管理，路树的采伐及公路沿线乔、灌、花、草的日常管理。

14.6.1 保洁

按照养护管理分工及岗位责任制清除绿地垃圾和杂物，包括生活垃圾、景区外石头、砖块、砾石、落地树叶、干枯树枝、板块、烟蒂、纸屑等。严禁在绿地和其他地方焚烧垃圾。对水池、雕塑和园林小品及绿化配套设施要按要求进行保洁，保证全天候的绿地干净清洁。

14.6.2 除杂草、松土、培土

除杂草、松土、培土是养护工作的重要组成部分。经常除杂草，可防止杂草与草坪生长过程中争水、争肥、争空间而影响植物的正常生长，入冬前浅翻地一次，深度约 5~20cm，来年开冻后全面平整。对滋生性强的各类杂草，一经发现，立即根除。绿地的绿篱、垂直绿化、单植灌木和乔木要按要求进行松土和培土。

14.6.3 排灌、施肥

根据草坪、乔灌木的生长需要，开花特性，不同生长季节的天气情况，不同植物种类和不同树龄分别进行淋水和施肥，保证肥水充足。在雨水缺少的季节，每天的淋水量要稍大于其蒸腾量。花灌木一般在每年春、秋季重点施肥 2~3 次。乔木在每年的春、秋季重点施肥 2~3 次。施肥量根据树木的种类和生长情况而定，种植三年以内的乔木和树穴有植被的乔木要适当增加施肥量和次数，肥料要埋施、打穴或开挖沟，施肥后要回填土踏实、淋足水、找平，切忌肥料裸露。乔木施肥穴的规格一般为 30cm×30cm×

40cm,挖沟的规格为30cm×40cm,挖穴或开沟的位置一般是树冠外缘的投影(行道树除外),每株挖对称的两穴或四穴,肥料以有机肥为主,复合肥为辅。

灌溉时间视天气的变化进行控制,梅雨前(最高气温30℃以下),每天早晚喷雾4h,从上午10时半至下午3时这段时间内停止喷水。如久干无雨,土壤干燥(土壤泛白开裂),应浇水灌溉,浇水灌溉宜在早晨或傍晚进行。施肥是促进苗木生长健壮的有效手段,施肥需等植物根系损伤恢复并开始生长后进行,即苗木种植约半年后(草坪为三个月),一般施用尿素、复合肥等根肥。对灌木也可追施叶面肥。

14.6.4 补植

对于被破坏的草地和乔、灌木要及时进行补植,草坪要补植原草坪相同的草种,适当密植,补植后加强保养,保证一个月内覆盖率达99%以上,使草坪保持完整划一,无秃斑和裸露地。对灌木和花卉要及时清除死苗,一周内补植回原来的种类并力求规格与原株接近,以保证优良的景观效果。补植按种植规范进行,施足基肥并加强淋水等保养措施,保证成活率达100%,同时对已呈老化或明显与周围环境不协调的灌木及花卉应及时进行改植。乔木发现死树,要及时清理,要在两周内补植回原来的树种,并力求规格与树木接近,补植按树木种植规范进行,施足基肥并加强淋水等保养措施,保证成活率达100%。做到乔、灌木无缺株、死株,绿篱无断层。加强养护管理,充分发挥绿化的整体效果和美化效果。

14.6.5 修剪、造型

根据植物的生长特性和长势、长相适时修剪和造型,以增强绿化、美化的效果。修剪要根据季节和草种的生长发育特性修剪,使草的高度保持一致,边缘整齐,根据养护级别的不同,控制不同的高度。

灌木和花卉既要造型美观,又能适时开花,花多色艳;花灌木和草本花卉在花芽分化前进行修剪,避免把花芽剪掉,花谢后及时将残花剪去。常年开花的植物要有目的地培养花枝,使其四季有花,绿篱和花坛整形效果要与周围环境协调,增强美化效果,精雕细刻,产出精品。

乔木除棕榈科植物外,其他乔木一般在叶芽和花芽分化前进行修剪,避免把叶芽和花芽剪掉,使花乔木花繁叶茂。乔木整形效果要与周围环境协调。行道树修剪要保持树冠完整美观,主侧枝匀称和数量适宜,内膛不空又通风透光。根据不同路段车辆等情况确定下缘线高度和树冠体量,树高一般控制在10~17m,注意不能影响高压线、路灯和交通指示牌;单位附属绿地内种植的树木的枝叶伸向城市公共道路或他人物业范围内的,要及时修剪,修剪时按操作规程进行,尽量减少伤口,剪口要平,不能留有树茬;萌枝、下垂枝、下缘线下的萌蘖枝及干枯枝叶要及时剪除。对古树名木严重衰老的树冠部分要进行重度裁剪,裁剪掉衰老的干枯枝条促发健壮的枝梢,同时注意对有病腐木、过度衰老的枝条以及病虫枝条进行适当修剪,达到树冠通风透光,改善生长发育条件的目的。

14.6.6 病虫害防治

防治重点是大树和色叶小灌木,因大树经过移植,根系、树枝等受到严重伤害,自然恢复期较长,抗病虫害功能随之下降,因此必须密切注意对大树观察,一旦出现病虫害症状,立即对症下药,严防病虫害蔓延,而色叶小灌木和杜鹃等在梅雨季最易发生病害,导致叶片斑变和脱落,所以在梅雨季前就应开始定期喷药防治。

14.6.7 地形整形

对土壤沉降、不平整部分进行整平、加土,及时撒入种植土进行地形修复。

14.7 交通安全设施日常养护的内容和要求

交通安全设施是公路设施的重要组成部分,在日常养护中应认真管理,保证交通安全设施的完好、醒目。

14.7.1 标志养护

1）工作内容

对沿线交通标志的检查、调整、更换、清洗和维修，保证标志的准确、完整、牢固、醒目、美观。

2）标志检查

（1）日常巡查。对沿线交通标志进行日常巡查，并且每月夜间巡查一次，检查其是否受到沿线树木等障碍物的遮挡以及标志牌、支柱是否牢固，标志反光效果是否下降，反光膜是否有脱落、不平整现象。

（2）临时检查。遇有暴风雨等异常气候及洪水、地震等自然灾害或交通事故，应及时进行事前及事后的检查。检查内容包括：①标志牌、支柱的变形、损坏、污秽及腐蚀情况；②油漆及反光材料的褪色、剥落情况；③标志牌设置的角度及安装情况；④基础或底座情况；⑤反光标志的反射性能（必须在夜间巡查）；⑥标志牌缺乏情况。

3）更换

（1）由于腐蚀（生锈）、破损而造成辨认能力下降或夜间反光标志反射能力降低的标志牌，应予更换；

（2）缺失的应及时补充；

（3）更换材料必须与原材料保持一致或提高标准等级。

4）清洗

（1）交通标志每年必须清洗一次，保证所有标志清洁、醒目。

（2）有树木等遮挡时，必须清除阻碍视线的物体。

5）质量控制

因自然灾害、交通事故造成标志牌损坏、缺失的，应及时进行维修、补充或加固。维修后的标志牌应恢复至原样，采用材料及结构形式同原标志，质量不得低于原标志。

6）界碑、里程碑

周围无杂草，并保证整洁、清晰。

14.7.2 标线

1）技术要求

公路标线是管制和引导交通流向的重要信息载体。养护工作主要是对其进行补划或重划，经常保护使其完整、齐全、鲜明。

2）养护与维修

路面标线养护可视路面标线损坏情况采用补划或重划两种养护方式，但不局限于以上两种方式。经养护后的路面标线必须具有正常使用功能，其颜色、宽度、厚度应与原路面标线一致，材料、级配、工艺同原标线，施工质量不低于原标准。

路面标线的养护原则：

（1）标线污秽，影响美观及使用功能时，应及时进行补划。

（2）标线反光不均匀或反光效果差，应铲除后重新划线。

（3）标线磨损严重或脱落，影响使用功能时应重新划线或修复。

（4）标线局部缺损或被覆盖，应在路面修复完工后予以重新划线。

（5）重新划线及修补时应注意与原标线的接头平顺、线形一致。

14.7.3 示警柱（护柱）

（1）养护的主要内容。及时扶正示警柱（护柱），修复或更换变形、损坏部分，缺少的应添补。

(2)技术要求。保持示警柱(护柱)位置正确、颜色鲜明、醒目,立柱垂直,保持良好的线形。

(3)检查。养护人员应对全线的护柱进行经常性巡查,发现问题应及时予以处理,无法处理的应及时上报上级主管部门。

(4)清洗。养管单位应对全线护柱每年清洗一次并进行油漆,遇有局部不清洁部分要及时清洗。

(5)更换。养管单位应及时更换、维修损坏的护柱,所有材料应与原护柱材料协调一致。

第15章 农村公路养护工程

15.1 路基养护工程的内容和要求

15.1.1 路基养护工程内容

路基养护工程按照建设性质分为大修和中修工程。

(1)路基大修工程内容:在原路技术等级内整段改善线形;拆除、重建或增建较大挡土墙、护坡等防护工程,大塌方的清除及善后处理等。

(2)路基中修工程内容:局部加宽、加高路基或改善个别急弯、陡坡、视距;全面修理、接长或个别添建挡土墙、护坡、护坡道、泄水槽、护栏及铺砌边沟;消除较大塌方、大面积翻浆沉陷处理;整段加固路肩等。

15.1.2 路基养护工程基础调查

1)路基强度检测

路基强度检测在铣刨原路路面后进行,主要依据回弹模量测定,即路基在荷载作用下产生的应力与其相适应的回弹应变的比值。回弹模量通常采用承载板试验的方法确定,土基回弹模量表示土基在弹性变形阶段内,在垂直荷载作用下,抵抗竖向变形的能力,如果垂直荷载为定值,土基回弹模量值越大则产生的垂直位移就越小;如果竖向位移是定值,回弹模量值越大,则土基承受外荷载作用的能力就越大。

2)路基路况调查

公路路基路况调查通常在路面路况调查并对铣刨原路路面后进行,主要根据所处位置(超高、上坡等)、交通量等调查路基裂缝、沉陷等病害位置,结合路基强度检测情况,确定路基病害处治范围。

3)边坡稳定性检查

农村公路边坡现阶段基本靠人工排查的目测为主,部分高边坡采用了监控方式监测,人工目测主要检查土质边坡有无裂缝、开裂等情况,根据检查做好跟踪观测。但石质边坡一般在坍塌前并无明显的征兆,靠人工很难识别,目前农村公路也不具备做到连续实时监测所有边坡的条件,通常人工排查只能识别表面的浮石、开裂状况。

15.1.3 路基病害与成因

农村公路路基建设质量受到地质条件、自然条件、设计方案、施工技术、质量检测、管理水平等各方面因素的影响。路基病害类型主要有:水毁、路基沉陷、滑坡、强度不足、翻浆等。

(1)水毁(图15-1)。主要包括:边坡滑塌、路基冲毁、路基沉陷。轻者路基路面损坏、影响公路通行能力,重者桥梁冲毁、中断交通。造成水毁一方面是自然因素,如河流的冲蚀作用和大气降水的影响,在沿线河流的浸泡、冲刷和冲击的作用下,路基边坡很容易发生破坏;当公路的排水系统不完善或降雨量很大,排水系统不能迅速排除路面范围和边坡坡面水时,水流会急速冲蚀坡面。另一方面是设计时,排水系统设计不合理,边坡防护设计不当;施工时,路基填料不当,路基的压实度没有达到规范的要求等原因造成。

(2)路基沉陷(图15-2)。路基沉陷与填料的性质、地基处理技术、路基压实工艺、施工过程控制等有关。路基填料性质影响路基的压实度和承载能力,若路基压实工艺不合理或路基填料不适,易产生压实度和承载力不够,可导致路基沉陷和失稳等病害。不同地基处理技术适用条件不同,施工工艺、质量控制和检测方法也不同,若达不到设计要求,施工工艺不当,偷工减料,施工条件变化,质量检测不及时等都将影响加固处理效果,造成地基沉降过大、路基变形等病害。此外,还包括未按正确的压实工艺进行操作,随意将铺筑厚度加厚,压实机具不按规定的碾压遍数压实,压实度达不到规定要求等。

图 15-1　水毁

图 15-2　路基沉陷

(3)强度不足。由于填方土体的最佳含水率控制不力,压实效果达不到要求或由于压实设备组合和压实工艺不合理,路基压实不充分,致使路基压实度达不到要求;在降雨入渗、地下水位变动等周围水环境变化的影响下,路基吸水而引起土体含水率增大,造成土体重度的改变,土体强度降低,造成路基承载能力不足。

(4)翻浆等。翻浆的过程,实质上就是水在路基中迁移、相变的过程。路基排水设置是否通畅有效是避免翻浆的主要手段。

15.1.4　路基养护工程病害处治技术

1)水毁处理

对路基边坡冲沟较小的水毁部位可用路基填料修补夯实;对路基边坡冲沟较大或缺口严重部位,修复时将原边坡开挖成台阶,然后分层填筑夯实,并注意保持与原边坡坡面衔接平顺;对路基边坡冲沟修复完毕后,应重新整修被雨水冲刷过的挡水土坡,并根据现场冲沟位置适当增设临时泄水槽;对毁坏路基面积大、深度大于50cm的水毁部位,采用挖掘机将冲沟部分外扩50cm后,且挖成台阶形式后分层回填并用压路机分层压实的方法进行处理至路基顶。

2) 路基沉陷

处理路基沉陷可挖除不合格与压实度不足的填料后重新填筑合格填料,并从选择合格填料、填筑厚度、填筑范围、压实度等方面进行控制,或者采用如水泥碎石桩复合地基、石灰挤密桩等基底补强方式处理。

3) 路基滑坡

对可能出现滑坡、坍塌的区域进行处治,可采取的措施包括:修建截水沟、截断地下水流、修护边坡、设置挡土墙、刷方减载、改线绕道。防治滑坡应减少水的危害、增加抵抗滑坡的平衡条件。

4) 翻浆

对于易发生翻浆的路段,应加强预防性养护,做好排水工作,保持路肩平整,边沟畅通,防止地表水渗入路基;冬季及时清除积雪,防止冻融时软化路基引起翻浆。翻浆出现时应加强巡查,对出现的翻浆及时采取排水、整垫等措施处理。对已出现翻浆的路段加强预防性养护,保持边沟畅通,路肩平整,防止地表水渗入路基;冬季及时清除积雪。当路面经常出现潮湿斑点,发生龟裂、鼓包、车辙等现象,表明路基已发软,翻浆已开始,应及时在路肩上开挖横沟或修补路面坑槽和路肩坑洼,防止翻浆加重。

15.2 路面养护工程的内容和要求

15.2.1 路面养护工程内容

路面养护工程按照建设性质分为大修和中修工程。大修工程是指对公路及其沿线设施的较大损坏进行周期性的综合修理,以全面恢复到原技术标准的工程;中修工程是指对公路及其沿线设施的一般性损坏部分进行定期的修理加固,以恢复公路原有技术状况的工程。

(1) 路面大修工程内容包括:翻修或补强重铺沥青、水泥混凝土路面;补强、重铺或加宽沥青、水泥混凝土路面。

(2) 路面中修工程内容包括:沥青路面整段铺装、罩面和封面(稀浆封层等预防性养护);沥青路面严重病害的处理;整段安装、更换路缘石,整段路维修路肩;水泥混凝土路面严重病害的处理;水泥混凝土路面接缝材料的整段更换。

15.2.2 路面养护工程基础调查

路面养护工程突出以路面整修及排水设施完善、安全设施恢复为重点,注重桥头跳车治理,兼顾其他附属设施的整修和完善,做到统一设计,整体提高。路面大中修工程完成后,应做到"四线"分明(即:安全设施防护线、路基路面轮廓线、车辆行驶分道线和绿化美化线)和标志标牌齐全规范醒目鲜亮,体现公路特有的流线美和线形美;路况质量应达到文明公路和五型(即:品质型、平安型、生态型、服务型、阳光型)公路的要求。

1) 基本原则

沥青混凝土路面养护工程优先采用预防性养护技术,中修罩面方案,先进的冷热再生技术,非开挖基层补强快速修补技术。

水泥混凝土路面养护工程基本原则:路龄5~10年的,以日常养护为主,水泥路面破板原则采用同厚度的水泥混凝土进行修复;路龄10年以上的,破板率40%以下的,水泥路面破板可采用沥青混凝土进行过渡(过渡路段可采用厚度不少15cm水泥稳定碎石或贫混凝土+5cm的沥青混凝土,或调平层+10cm的沥青混凝土);路龄10年以上,破板率40%(含修复过的板块数量)以上的,应考虑通过改造进行修复,改造方案优先采用共振或多锤头碎石化技术。

2) 路况调查要求

路况调查应当按照规范并可参照《浙江省国省道大中修设计指南及范本》相关要求进行,主要调查内容如下：

(1)原路建养历史资料调查:原路建养历史资料调查需包含原路建成年代、技术等级、路基路面宽度及路幅布置、路面结构及厚度、历次大中修情况及大中修结构、养护历史、交通量等数据。

(2)原路况调查及评价：

①公路技术状况调查评价。应对路面大中修路段全路幅、全设施进行调查评价。调查评价内容主要包括路面使用性能(PQI)[含路面损坏(PCI)、路面平整度(RQI)、路面车辙(RDI)]，其余指标如抗滑性能(SRI)、桥隧结构物(BCI)、沿线设施(TCI)等如在设计中涉及,也应一并调查评价。

②原路面钻孔取芯。沥青路面大中修工程,每公里每车道取芯2个,病害严重路段应增加取芯数量。取芯时应根据路面病害情况、路面结构设计需要,合理布置取芯点,并钻至基层底面。水泥路面钻孔取芯视情况而定。

③原路面开挖。沉陷严重、路面病害原因不明及新工艺实施有需要路段,应对原路面开挖,开挖深度应根据病害情况确定,每公里不少于1处。

④原路面病害现状调查分析。应对原路面病害现状进行详细调查,在病害分布平面图中标明路面病害类型及分布情况,并分析病害发展趋势。

⑤原路面强度检测。沥青路面的中修或大修方案,原则上应根据路面强度来确定,路面强度采用设计弯沉值进行控制。在实测弯沉时,对单点回弹弯沉值大于平均回弹弯沉值加3倍标准差的数据,在计算时应予以舍弃,但必须分析原因,如确是基层或路基的原因应提出针对性的处理措施。计算单元原则上以1km为1个单元,也可按弯沉总体情况进行划分,但不得小于500m,对4个行车道以上的路段应分幅进行计算。

⑥原路面纵、横坡检测。路面大修工程应进行纵坡及横坡的检测,设计时应尽量与原设计的纵、横坡相一致;路面中修工程、路面预防性养护等可根据实际情况确定。

⑦沿线设施现状调查:应对平面交叉、桥头接坡、排水、挡墙、安全及附属设施等现状情况进行调查,并列出现状详细表格清单。改造及新增减设施需在备注中说明理由及依据的标准,并另附设计详图详表。

3)施工图设计要求

(1)施工图设计应根据路况调查及评价原路面的使用状况(路面病害调查、路面状况检测、路面状况评定等)后确定不同类型病害的处治方法,绘制病害处治设计图,对严重或特殊的病害应根据实地情况重点设计,如采用"四新"技术,应阐述其技术、经济的重要指标。

(2)根据原路的使用状况,确定路面结构设计(包括每个路段的加铺结构类型、材料、厚度、翻修的形式等)。绘制路面结构、纵断面、横断面设计(大修或复合型路面结构设计)图。

(3)确定平面交叉、桥头、超高路段等特殊路段的加铺或翻修形式,绘制平交口、桥头等接坡设计图。

(4)确定各项安全设施恢复及附属工程的设计,绘制标志、标线、护栏调整、排水设施改造、分隔带改造等设计图。

(5)确定施工期间交通组织原则及措施,必要时应绘制施工期间的交通组织设计详图。

(6)计算各项工程数量。

(7)编制施工图预算。

4)路面养护工程病害处治要求

(1)裂缝类病害。

横向裂缝是沿路面方向出现的规则裂缝,通常是由于荷载作用引起的,路面的低温收缩或半刚性基层的收缩而产生的反射裂缝是产生横向裂缝的主要原因。

纵向裂缝沿着道路纵向投影的长度,远远大于沿横断方向投影的长度。纵向裂缝通常出现在行车道上,而且通常以单条或多条平行的裂缝形式出现,有时伴有少量的支缝。纵向裂缝通常是由于路基或基层的沉降而产生的,在路面加宽或半填半挖的路基形式中容易产生这种病害形式。在行车道的轮迹带处,因为行车荷载的重复作用,也会引起纵向的疲劳裂缝。另外,沥青混合料摊铺时,由于纵向搭接不好,在搭接处也会产生纵向裂缝。

不规则裂缝是指路面上的横缝、纵缝和斜缝等相互交错而使路面分割成许多不规则的裂块。块度尺寸一般比较大(50cm 以上)。主要是面层材料的低温收缩和沥青的老化所引起,出现在整个路面宽范围内。

龟(网)裂是由于路面的整体强度不足而引起的,也可能是由于路面出现横向或纵向裂缝后未及时封填,致使水分渗入下层,沥青在施工期间以及在长期使用过程中的老化也是导致沥青面层形成网裂的原因之一。

对于沥青混凝土的温缩裂缝,可将有裂缝的路段清扫干净并均匀喷洒少量乳化沥青,再均匀撒一层 2~5mm 的干燥洁净石屑或粗砂,最后用轻型压路机将矿料碾压;对于较宽裂缝的处理则可采用铣刨回填方法,用沥青混合料填补、整平、压实。处理横纵向裂缝采用的方法有灌缝修补法、乳化沥青稀浆封层、沥青混合料罩面法、现场再生维修法、裂缝贴补法,其中灌缝修补法是最常用的方法,其工艺流程如图 15-3 所示。

图 15-3 灌缝修补法的工艺流程

(2)变形类病害。

①变形类病害描述。

车辙。主要是由于沥青混合料级配设计不合理,稳定性差或由于基层及面层施工时压实度不足,使轮迹带处的面层和基层材料在行车荷载反复作用下出现固结变形和侧向剪切位移引起,重载、超载车辆过多和高温也是产生车辙的重要原因。

沉陷。由于路基局部填筑不密实,当受到水的侵蚀时而沉陷,造成的局部沉降;土质路堑排水不畅,路床下部路基过湿润而产生不均匀沉降,引起路面局部下沉;路基或基层强度不足或填挖路基强度不一致,在车辆荷载作用下,路基或基层结构遭破坏而引起沉陷;桥头路面沉降不均匀引起沉陷并与桥面发生错位。

搓板和波浪。由于路面组成材料设计不合理或施工质量差,导致路面材料不足以抵抗车轮水平力的作用;路面基层强度不够,稳定性差;面层与基层之间存在不稳定的夹层,面层在行车荷载的作用下推移变形而形成波浪。

拥包。主要原因有施工不当、面层沥青用量过多及沥青混合料面层材料级配差、推移破损进一步发展的结果和面层局部强度不足或水稳性不好等原因产生。

②变形类病害防治。

当车辙深度大于 1.5cm 且小于 2.5cm 时,采取稀浆封层和车辙处理箱处理;当车辙深度大于 2.5cm 且小于 4cm 时,采取清除原路面面层,新建路面面层;当车辙深度大于 4cm,采取清除原路面上面层和下一结构层,新建路面面层。

对于块状网裂、沉陷应清除原路面全部面层,当基层整体性较差,钻芯取样不能形成板体(基层强度一般不低于 3MPa)时,清除基层,为不影响交通,及早通车,用沥青碎石做基层,新建路面面层。

对不均匀沉陷,如基层和土基较为密实、稳定,可只修补面层,用沥青砂或细粒式沥青混合料填补、整平、压实,面积较大时应加铺面层。

对局部因路基有坑洞、沟槽等的沉陷,应采用碎(砾)石、干砌或浆砌片石等重新回填密实,将土基和基层根治后,再铺面层。

对于桥(涵)头路面,因填土不实出现的沉陷,应采取加铺基层,重新做压实处理,再做面层。

对因含水率和孔隙比较大的软基或含有机物质的黏性土层,宜采取换土处理,其厚度视软层厚度而定。换填材料宜用碎石土、卵砾土、中粗砂及合格的工业废渣,且要求级配合理,视情况可采取钻孔注浆加固处理。

(3)松散类病害。

①坑槽。坑槽通常是松散、龟裂等其他破损进一步发展的结果。

②麻面。主要原因是路面面层预防性养护不到位和因沥青老化或路面表面空隙率大,水渗入路面等造成的黏结力降低,形成麻面。

③脱皮。主要发生在纵坡大的路段,由于路面与基层的黏结不牢,加之汽车频繁制动产生的路面面层与路面基层的层状分离现象。

④啃边。主要原因是路面宽度不适应交通量的需要,路肩不密实,路肩与路面衔接不平顺,以致路肩积水,路面边缘湿软,在行车作用下形成啃边。

⑤松散。主要原因:沥青路面表面有离析,离析处缺少大部分集料;碎石中含有风化颗粒,水侵入后引起沥青剥离;路面老化沥青结合料本身的黏结性能降低;机械损害或油污染;局部路基和基层不均匀沉降引起路面破坏。

对于基层松散的应清除原路面全部面层及基层,以沥青碎石回填做基层,新建路面面层。路面的基层完好,仅面层有坑槽时,修补的方法有以下几种:填料式坑槽修补技术、挖补式坑槽修补技术、热烘式坑槽修补技术、喷射式坑槽修补技术等,其工艺流程如图15-4所示。

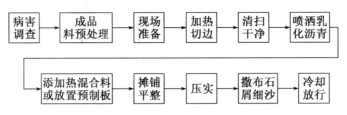

图15-4 坑槽修补工艺流程

5)工程管理要求

(1)质量监督管理。养护大中修工程(除破板修复外)均应纳入政府质量监督管理范围,县级公路管理机构、质量监督机构等应加强对大中修工程的监督检查,建立大中修工程检查制度,并将检查情况纳入年度工作目标考核范围。

(2)施工和交通组织。应根据设计方案要求结合项目特点制订详细施工和交通组织方案,报批后方可开工。施工组织应当根据施工能力、气候等条件合理安排施工工序和工期,原则上沥青路面必须在10月底前完成,同时气温低于5℃时不得进行施工。

(3)原材料选用。沥青、水泥等关键原材料必须到正规厂商采购,施工、监理单位对材料质量进行监控,并按规定频率批次进行自检和抽检。路面集料应尽量在省交通运输厅验收合格的矿点进行采购,集料必须符合规范及设计要求,经试验检测合格后方可进场使用。

(4)施工质量控制。

①路面病害必须按照设计要求处理到位,并经项目实施业主和监理单位验收合格后方可进入路面施工。

②严格按照设计及规范要求施工,按规定频率和次数完成试验和检测项目,资料必须当场按规范要求填写,不得事后补填。

③严格控制路面基层及面层施工的运输、摊铺、碾压等各环节,一级和二级加宽公路必须采用两台摊铺机同时摊铺。沥青混合料运输距离较远的工程,运输车辆必须采取保温措施或采用带有自身加热保温功能的车辆,确保沥青混合料摊铺、碾压温度符合要求。加强混合料的级配设计及施工配合比控

制,按规范要求做好半刚性基层的养护工作,加铺面层之前半刚性基层不得开放交通。

④关键工序、"四新技术"应用及重要部位施工宜拍摄照片或录像,作为原始记录存档。

⑤施工现场管理应当注重安全管理、人员管理、环境保护、交通安全等各项工作,并协调好与工程有关的各项关系。

6)工程验收要求

农村公路养护工程原则上采用交、竣工验收一并进行,竣(交)工验收由项目法人负责组织,竣工验收委员会综合评价,各相关单位共同参与,交通运输主管部门监督备案,质量缺陷责任期不少于一年。工程验收前,公路养护责任单位应委托具有相应资质的检测机构进行质量检测,并按规定组织质量评定,合理评定质量等级。

15.2.3 路面养护工程的注意事项

农村公路因早期建设标准偏低、资金有限等原因在使用一定的年限后,会产生不同程度的病害,养护工程的实施,可以保证普通公路的正常使用,并延长原路面的使用周期。公路行驶质量、路面结构承载力、公路破损、路面抗滑是工程实施中需要注意的四个方面。

1)分析公路破损原因

水泥混凝土路面和沥青混凝土路面暴露于大气和自然环境之中,经常受到温度和水分变化的影响,使其强度和刚度不稳定,其力学性能也随之不断变化,而路面表层直接承受车轮的磨耗作用,经过一定的时间,路面表面的粗糙度会降低,甚至被磨光,使车轮与路面之间的摩擦阻力大大降低。沥青路面在使用过程中,还要承受行车荷载和冷热、干燥气候等因素的多次重复作用,由此会逐渐产生疲劳破坏和塑性变形积累。此外,沥青路面材料也可能由于老化衰变而导致破坏,缩短路面的使用年限。

另一方面,许多农村公路建成后交通量迅速增长,加之车辆大型化、超载严重、行驶渠道化等,使路面受到了严峻的考验。尤其是沥青路面建成不久,就不能适应车辆通行的需求,发生了早期损坏,因此养护工程实施前就必须通过检测分析找出破损原因。

2)合理选择养护技术

农村公路养护工程实施需要一个可靠的稳定路基,对于一些基层破坏的路段必须对基层先进行补强处理,养护工程应用的养护技术也是一个逐渐演变过程。一是早些年的补强型养护向功能型恢复过渡,沥青路面中修逐渐超过大修。二是路面修复更应注重对路面性能的恢复和适应交通和环境的需求,合理有效的级配、结构以及改性材料的应用越来越广泛。三是一批"四新"技术成熟应用后将逐渐成为大中修的主要技术。

不同结构层的技术应用选择包括:路基有注浆、轻质填料换填;基层有半刚性基层再生、泡沫沥青再生、碎石化;面层有厚度增加、厚度组合变化、结构类型变化、改性材料应用以及预防性养护。

3)认清养护形势

(1)重交通、特重交通的路段日益增多,对于这些路段的合理结构厚度、合理的结构形式需要深入研究、统一认识。由于养护经费投入与需求仍有差距,必须采用全寿命周期成本理念养护维修路面,避免短期的重复修复。

(2)路面结构的设计要充分考虑交通量及车辆荷载组成,严禁以公路行政等级或者技术等级套用路面结构的方法。

(3)现有技术的修正和适应新情况的要求,如基层再生的长期抗疲劳问题、冷再生的抗车辙性能不足的问题、原再生路面的能否二次再生问题、水泥路面的其他"白改黑"技术和现有水泥路面的利用和养护问题等。

(4)"四新"技术的发展将提升农村公路养护技术水平,应该积极引进和推广"四新"技术。

15.3 桥涵养护工程的内容和要求

15.3.1 桥涵养护工程分类

桥涵养护按其工程性质、规模大小、技术难易程度分为中修、大修、改建和专项工程。

(1)桥涵中修工程内容包括:修理更换中小桥梁支座、伸缩缝及个别构件;中大型钢桥的全面油漆、除锈和各部件的检修;桥面的修理和小桥桥面的加宽;排水设施的更新等。

(2)桥涵大修工程内容包括:增改建小型桥梁和技术简单的中桥;不提高技术等级的大中型桥梁的加宽、加固、加高;重建、增建涵洞;大桥桥面的铺装更换;大桥支座伸缩缝的修理更换等。

(3)桥涵改建工程内容包括:提高桥梁技术等级,加宽、增高、加固大(中)型桥梁;改建、增建小型立交桥。

(4)专项工程内容包括:采用临时性措施在最短的时间内恢复的工程措施或采用永久措施恢复桥涵原有功能的工程措施。

15.3.2 桥涵养护要求

桥涵应根据评定等级划分的各类桥梁,分别采取如下不同的养护措施:

(1)三类桥梁需进行中修,酌情进行交通管制;四类桥梁需进行大修或改建,及时进行交通管制,如限载、限速通过,当缺损较严重时应封闭交通;五类桥梁需要进行改建或重建,及时封闭交通。

(2)对适应性不能满足要求的桥梁,应采取提高承载力、加宽、加长、基础防护等改造措施。若整个路段有多座桥梁的适应性不能满足要求,应结合路线改造进行方案比较和决策。

(3)桥涵养护工程应重视经济技术方案的比选,充分利用原有工程材料和原有工程设施,以降低成本,同时重视环境保护和环境综合治理。

15.3.3 桥涵养护工程内容

1)常见病害原因分析

(1)桥面系常见病害:

①桥面铺装病害:水泥混凝土铺装和沥青混凝土铺装。

龟裂:裂缝有多条,裂缝不长,形状乱杂。其产生是由于施工或养护不当,或铺装层与行车道板之间存在间隙。

横向裂缝:裂缝延伸的方向与行车方向垂直。其产生是由于温度应力,或上部结构受力的反射。

纵向裂缝:裂缝延伸的方向与行车方向一致。其产生是由于施工或养护不当,装配式简支梁接缝质量差,或桥面板上裂缝的反射。

断裂或破损:水泥混凝土铺装上裂缝宽度较大,并有混凝土破裂,其产生原因为铺装层与桥面板之间存在脱空间隙。坑槽:铺装层局部存在凹陷,其产生原因为铺装层材料质量分布不均,局部区域混凝土抗剪强度不够。露筋:铺装层内的钢筋露出铺装层表面,其产生原因为铺装层的保护层厚度太薄。

沥青混凝土铺装与混凝土铺装一样,在桥面铺装存在有龟裂、横向裂缝、纵向裂缝和坑槽。

②桥头跳车。桥头跳车现象产生的直接原因是刚性桥台和柔性路堤在荷载的作用下由于刚度的较大差异而引起的显著差异沉降。桥头跳车的表现形式主要有两种,一是桥头不设搭板时桥台与路堤衔接处的错台现象;二是桥头设置搭板时由于搭板路基端沉降引起的路桥过渡段纵坡变化。

③排水设施病害。泄水管堵塞,其产生原因为桥面垃圾积累未清除,排水 PC 管破损、老化。

④伸缩缝病害。伸缩缝堵塞,产生原因为桥面垃圾堆积未清除;橡胶条破裂,产生原因为橡胶条老化质量差,或施工安装不当;伸缩缝周边混凝土破损,产生原因为伸缩缝安装时两接边高差过大。

（2）上部结构常见病害分析。

①钢筋混凝土板桥的常见病害主要是底板裂缝、露筋、接缝渗水。钢筋混凝土板的裂缝包括龟裂、横向裂缝和纵向裂缝。

底板纵向裂缝，产生原因是板比较宽，为双向受力状态，底板的横向受力钢筋布置不足。底板露筋，产生原因是桥下净空高度小，受车辆擦伤致混凝土剥落。底板开裂，产生原因是该裂缝为横向裂缝，位于跨中区域，同时有几条裂缝，故该裂缝为受力裂缝，需要对施工工艺和承载能力做复核。底板渗水，产生原因是底板横向构造不足或施工底板厚度偏薄；接缝处渗水则是由于浇筑的接缝混凝土不密实导致的。

②钢筋混凝土简支T梁常见病害为：梁肋竖向裂缝、斜向裂缝；T梁翼缘板钢筋外露锈蚀与接缝渗水；横隔板裂缝、翼缘板钢筋外露锈蚀与接缝渗水；横隔板裂缝、露筋和其连接处混凝土剥落等。

对钢筋混凝土简支T梁产生的裂缝进行分析主要是要区别是荷载产生的受力裂缝还是非荷载（如温度、混凝土收缩等）产生的非受力裂缝。如在梁肋两侧存在多条竖向裂缝，这些裂缝宽度呈现中间大，两端小，则该裂缝为非受力裂缝；如在梁肋两侧存在多条竖向裂缝，梁肋底面也有横向裂缝，裂缝形态呈现为U形，且裂缝宽度是下面大、上面小，则该裂缝为受力裂缝。

裂缝原因分析：该梁肋一侧在全跨范围内分布有8条裂缝（图15-5），不仅跨中区域存在有裂缝，而且$L/4$区域也有裂缝；裂缝位于梁肋的中部。依据该形态分析出该裂缝是由混凝土收缩产生的裂缝。

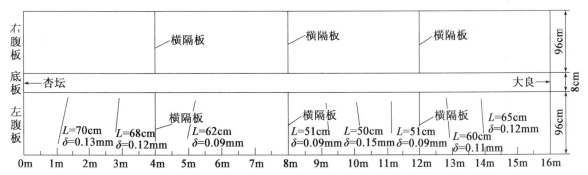

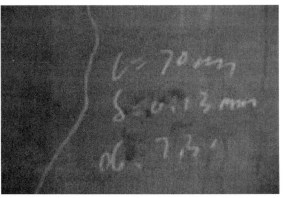

图15-5　钢筋混凝土简支T梁收缩裂缝

裂缝原因分析：该梁肋侧面存在竖向裂缝，位于梁肋下缘，且在梁肋底面也呈U形，故该裂缝为荷载作用产生的受力裂缝（图15-6）。

钢筋混凝土翼缘板常见的病害主要为翼缘板之间连接缝混凝土剥落、露筋，翼缘板存在裂缝，并有白色物质渗出。露筋、接缝渗水产生的原因为施工质量问题；混凝土剥落、裂缝产生的原因为翼缘板厚度偏薄。

梁底混凝土剥落、露筋，产生的原因分析：该梁在跨中几个局部区域存在该病害，通常为桥下净高不足，梁底受到车辆或船只的撞击产生的。

图 15-6　钢筋混凝土简支 T 梁受力裂缝

③预应力混凝土 T 梁桥常见病害主要为翼板的连接质量和横隔板裂缝、露筋、破裂。通常全预应力混凝土构件是不容许出现受力裂缝的，一旦出现受力裂缝则该构件必须进行加固处理，所以对全预应力混凝土构件的裂缝判定非常重要。预应力混凝土 T 梁桥的梁肋裂缝是否为受力裂缝其判别标准与钢筋混凝土基本相同。由于预应力混凝土 T 梁存在预压应力，故通常的非受力裂缝一般也不出现。目前预应力混凝土 T 梁桥病害大多为横隔板连接质量病害(图 15-7)。

图 15-7　预应力混凝土 T 梁连接质量病害

图 15-7 中预应力混凝土 T 梁横隔板连接位置存在混凝土剥落、钢筋外露病害，其产生的原因是施工质量差。图 15-7 中横隔板连接为桥梁中的刚性连接。

④钢筋混凝土连续箱梁桥常见病害为箱体裂缝、钢筋锈蚀、混凝土剥落，以及翼缘板的裂缝、钢筋锈蚀、混凝土剥落。

翼缘板横向裂缝一般为混凝土收缩裂缝，根部混凝土剥落则要检查桥面板是否在对应位置存在纵向裂缝。

图 15-8 显示跨中区域存在多条横向裂缝，在其侧面也有竖向裂缝。将这些横向裂缝与竖向裂缝连接一起呈 U 形，故这些裂缝是典型的受力裂缝，其产生原因为荷载作用。

图 15-9 显示箱梁底板露筋与底板横向裂缝渗水。显然底板露筋是施工质量差造成的；底板横向裂缝则要视处于梁的位置来分析，产生的原因为荷载作用，或底板厚度偏薄。

⑤预应力混凝土箱梁桥的截面是由顶板、底板、腹板和翼缘板构成。

图 15-8　钢筋混凝土连续箱梁受力裂缝

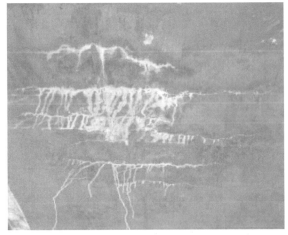

图 15-9　钢筋混凝土连续箱梁底部露筋、裂缝渗水

图 15-10 为常见的顶板纵向裂缝，该裂缝往往为通长裂缝，其位于顶板中部或两端肋腋处。该裂缝产生的原因一般为温度作用或荷载作用。

图 15-10　预应力混凝土箱梁顶板纵向裂缝

图15-11为常见的箱梁腹板斜裂缝,裂缝位于正负弯矩变化区域。产生的原因是斜截面抗剪承载能力不足。

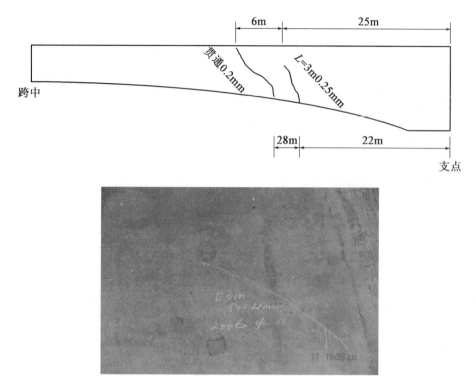

图15-11　预应力混凝土箱梁腹板斜裂缝

图15-12为常见横隔板上裂缝,其产生原因为过人洞上剪力过大,剪力传递中断导致局部应力集中。

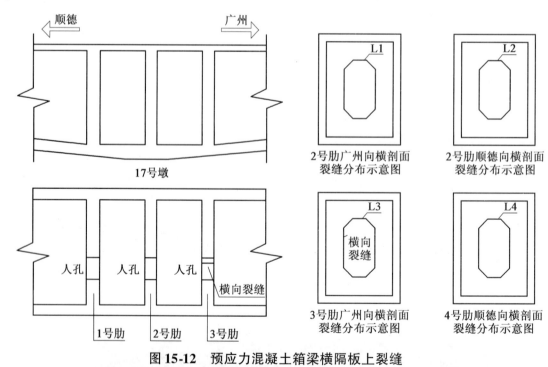

图15-12　预应力混凝土箱梁横隔板上裂缝

⑥刚架拱桥常见的病害为裂缝、混凝土剥落、钢筋锈蚀以及连接破坏。刚架拱桥病害产生的原因一般是横向联系的刚度弱,桥梁整体受力较差,导致拱桥构件产生裂缝。

图 15-13 中上弦杆混凝土剥落、钢筋外露,产生原因为钢筋锈蚀导致的;上弦杆竖向裂缝,是受力裂缝,其产生原因是上弦杆截面抗弯承载能力不足。

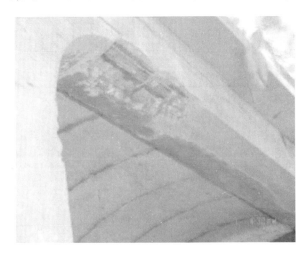

图 15-13　刚架拱桥上弦杆混凝土剥落、钢筋外露、竖向裂缝

⑦桁架拱桥的常见病害是构件裂缝、混凝土剥落、钢筋锈蚀。桁架拱桥与刚架拱桥相同,病害产生的原因一般是横向刚度弱,桥梁整体受力较差,导致拱桥构件产生裂缝。

图 15-14 中桁架片的竖弦杆和斜弦杆露筋锈蚀,产生原因是混凝土保护层薄,钢筋锈胀导致混凝土剥落。

图 15-14　桁架拱桥竖弦杆及斜弦杆露筋锈蚀

(3)桥梁支座常见病害分析。

目前桥梁常用支座为板式橡胶支座和盆式橡胶支座,其中简支梁桥支座采用板式橡胶支座,连续梁桥支座采用盆式橡胶支座。

①板式橡胶支座常见病害为支座剪切变形大,支座脱空或局部脱空,支座老化外鼓、开裂和支座缺失等。

②盆式橡胶支座常见病害为钢盆锈蚀、锚固螺栓松动、锈蚀、橡胶磨损、垃圾堆积。

图 15-15 为板式橡胶支座剪切变形大,产生原因是支座质量差,厚度偏小。

图 15-16 为板式橡胶支座局部脱空,产生原因为施工安装不当。

图 15-17 为盆式橡胶支座的钢盆完全锈蚀,产生原因是支座环境湿度大,或钢盆防锈涂层质量差。

(4)桥梁下部结构常见病害分析。

桥梁下部结构是由桥台、桥墩与基础组成。

图 15-15　板式橡胶支座剪切变形大

图 15-16　板式橡胶支座局部脱空

图 15-17　盆式橡胶支座钢盆锈蚀

图 15-18 为桥台的台身竖向裂缝,产生原因一般是混凝土收缩台身露筋,混凝土保护层偏薄。

图 15-18　桥台台身竖向裂缝

图 15-19 为桥台翼墙开裂,产生原因是台后沉降或翼墙配筋不足,挡块开裂,温度作用导致梁体横移。

图 15-19　桥台翼墙开裂

图 15-20 为盖梁的裂缝位于立柱顶端,裂缝从上向下延伸,为受力裂缝,产生的原因是荷载作用。

图 15-21 为立柱竖向裂缝,产生原因是混凝土收缩过大,或钢筋箍筋配箍率不足。

(5)涵洞常见病害分析。

涵洞依据结构形式的不同,分为盖板涵、箱涵、石拱涵和圆管涵等四种。

图 15-22 为盖板涵顶部混凝土产生裂缝,一般由荷载、温度变化、混凝土收缩、地基基础变形、钢筋锈蚀、冻涨、施工质量、施工工艺等引起。

图 15-23 为涵管与浆砌片石脱空,产生原因为涵洞基础下沉。

2)桥梁病害处治措施

(1)桥头跳车等病害处治。

①桥头跳车不太严重但存在跳车趋势,在桥两侧铣刨沥青路面,直接进行加铺沥青混凝土用以调整桥头沥青混凝土路面高程,使路面平顺。

②桥梁搭板以下出现空洞且桥头两侧有下沉现象形成跳车,可先进行压注水泥浆加固措施,再在桥头两侧一定范围内(视具体桥梁及跳车情况定出长度)纵向用沥青混凝土进行调坡,使其路面平顺。

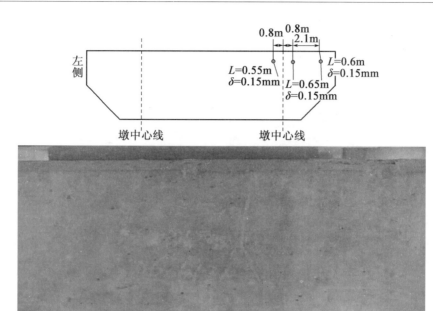

图 15-20　盖梁竖向受力裂缝

图 15-21　立柱竖向裂缝

图 15-22　盖板涵顶部裂缝

图 15-23　涵管与浆砌片石脱空

③如若在出现第二种情况后进行压浆处理,当空洞比较大压浆无法满足施工要求时,则应进行灌注水泥混凝土,主要目的是使产生的空洞密闭密实。灌注完水泥混凝土且待混凝土养护 7d 后再铺筑沥青调平层。

(2)桥涵中修加固。

①在原桥主梁基础上加固增强。利用墩顶上两孔梁端空间设置现浇横向悬壁挑梁,其上安装预制的微弯板;在挑梁悬壁部分架设预制的人行道梁,两边桥孔人行道梁较主梁长,一端支承在边墩挑梁上,一端支承在路堤上特设的支墩上,在人行道梁内侧的凸缘与原桥面板间,用混凝土浇筑桥面加宽部分,桥面铺装层混凝土同时浇筑形成行车道,在桥面铺装层及桥面加宽部分,均设置钢筋网,使整体性能加强。

桥面伸缩缝设置在桥梁顶中心,将行车道铺装延伸搭架在挑梁上形成,挑梁上桥面铺装层下垫设二层油毡,使其能随温度收缩。收缩缝中充填聚氨酯材料。

②清理桥面补强。清理并挖除原桥面破损、松散的铺装层,再植入补强钢筋后重新浇筑钢筋混凝土桥面。

③桥台后座加固。将桥台后座上路面除去,改成钢筋混凝土单向简支预制板,支承于两侧墙上。用直径 25mm 的锚固钢筋使之与侧墙相接,其上铺装混凝土桥面,钢筋混凝土板与后座填料间留有空隙,以使活载压力直接作用于侧墙上,从而减去了活载引起的对侧墙的压力,并增加侧墙抗剪能力和基底摩阻力。

④涵洞洞口、洞底铺砌层破损渗漏水应按原结构修复破损处,再用厚度为 2cm 的水泥砂浆抹面;局部脱空可用水泥砂浆或混凝土填实,基础不均匀沉降应先处理基础,一般可采用更换强度好的填料或扩大基础方法加固。

(3)桥涵大修。

主要对主拱、主梁等主要桥梁结构的关键部位进行加固补强。

①主拱圈加固。原横系梁尺寸偏小,横向联系差,属薄弱构件,针对这一病害,将原横系悬梁截面尺寸加大,把拱顶部分横系数改变为横隔板,以加强横向整体性,使全拱宽共同受力。由于主拱圈受力大、裂缝多,采用拱肋及拱波部分包钢筋网并喷射混凝土加固拱圈截面,以提高各孔的整体刚度和承载力。

②悬壁孔主梁及挂梁牛腿的加固。对牛腿加固可采取两种方案:一是凿除原牛腿的低强度等级混凝土,改为浇筑钢纤维混凝土,浇筑钢纤维混凝土时,在新旧混凝土结合面上涂以环氧砂浆以增进两者黏结;二是将挂梁从两个支点搁在主梁上改为以多支点搁在端横梁上,此种方案可使原牛腿上受力减

少,但牛腿的混凝土会因破碎开裂,仍需凿除后重浇新混凝土。

③主梁负弯矩的加固。根据检查、测试资料及计算成果,主梁负弯矩区在一般荷载下即产生大量裂缝,其上桥面铺装层亦产生大量网裂,此种裂缝不仅不美观,使人产生不安全感,在实际中也会因雨水渗入主梁和翼缘板中,导致受力钢筋锈蚀,影响桥梁使用寿命。在考虑加固方案时,根据计算资料增加了纵向受拉钢筋,置于原铺装层范围内,计算结果还表明,由于新设计标准的荷载负弯矩作用,桥面混凝土的拉应力将达到 3.96MPa,采用钢纤维混凝土,其抗拉设计强度有可能大于此拉应力,从而保证桥面不出现裂缝。

④梁及挂梁正弯矩区加固。在按承载能力极限状态计算时,在汽车—20 级、挂车—100 荷载作用下主梁截面强度不满足,故需补强。补强的措施是在凿去原桥面铺装及油毛毡后,将原桥面打毛,用锚杆在原铺装层厚度范围内加一层钢筋网,然后浇筑补偿收缩自防水混凝土,使结构达到抗裂防渗的目的,即解决防水问题。

⑤钢筋混凝土、混凝土管涵采用管外加套管处理,有条件的应采用管外加浇捣一层钢筋混凝土套。

(4)改建。

桥涵病害已无法采用大中修等加固措施进行处治时应对桥梁进行改建,改建措施按照新建桥梁相关规范和标准执行。

15.3.4 桥涵养护注意事项

(1)对未能及时改造的危险桥梁要采取必要的保障措施和临时加固处理。如采用限载、限速进行交通控制;采用梁底支撑、桥面铺钢板,设战备钢架,结构裂缝进行环氧树脂灌浆等紧急技术处理等。

(2)加强观测,制订各种观测方法、内容、时间及对比技术指标,一旦发现险情应立即禁止运行,设专人严守,设绕行路线。正在施工的桥梁应立即停止施工,查清原因。

(3)对加固、改造后的桥梁进行重新评估,确定桥梁现有等级、承载能力等,并做好施工技术总结,为其他桥梁改造提供参考。

15.4 隧道养护工程的内容和要求

15.4.1 隧道养护工程分类

隧道养护工程按照工程性质、规模大小和技术的难易程度,分为病害处治大中修和改造、改建两类。

隧道养护根据现行《公路隧道养护技术规范》(JTG H12)规定的等级评定。对技术状况为 A 类隧道应及时采取管理措施,安排维修、改造或改建。

病害处治大中修包括:修复破损结构、消除隧道病害、恢复结构物设计标准、维持良好的技术功能状态。

改造、改建是隧道处于危险状态,通过病害处治大中修不能解决危险,必须进行改造、改建使其结构安全。

15.4.2 隧道养护工程要求

隧道养护病害处治大中修和改造、改建工程原则上由隧道管养单位组织实施,隧道改造、改建的组织实施按现行基本建设程序和规定执行。

隧道养护工程要积极采用现代化的管理手段和先进的养护技术,使养护维修达到安全实用、质量可靠、经济合理、技术先进的要求。

隧道养护病害处治大中修、改造或改建工程的设计应择优选择有资质和从业经验的单位,隧道的检查或检测结果作为隧道维修、改造或改建设计的重要依据。除应急抢险等紧急情况外,隧道养护维修、改造和改建工程应实行招投标制。

15.4.3 隧道养护工程内容

1）常见病害类型

（1）衬砌裂损。

隧道衬砌裂损的类型主要有衬砌变形、衬砌开裂、衬砌腐蚀破坏、衬砌背后空洞、拱脚下沉以及仰拱破碎（进而引起路基下沉、路面翻浆冒泥）等。隧道衬砌开裂根据裂缝走向，分为纵向裂缝、环向裂缝和斜向裂缝三种。环向工作裂缝一般对于衬砌结构正常承载影响不大，拱部和边墙的纵向及斜向裂纹对隧道结构的整体性危害较大。

衬砌裂损可导致隧道结构变形、掉块甚至塌落；降低衬砌结构对围岩的承载能力；使隧道的净空变小，侵入建筑限界，影响车辆安全通过；衬砌裂缝还会成为渗漏水的通道。

（2）水损害。

隧道的水害主要是指隧道围岩的地下水或部分地表水，以渗漏或涌出方式进入隧道内造成的危害，包括以下几种。

①隧道漏水和涌水。隧道漏水和涌水会对隧道的电力设备造成不同程度的损坏，对照明设备产生锈蚀，影响设备的正常运行，降低使用寿命，增加维修费用。渗漏水促使混凝土衬砌风化、剥落，造成衬砌结构破坏。渗漏水还会软化围岩，引起围岩变形；有些隧道渗水中含有对路面的侵蚀性介质，造成一般的混凝土碱化；在寒冷地区造成边墙结冰、拱部挂冰，侵入建筑限界。渗漏水还会造成路面翻浆；危及汽车的安全行驶。严重渗漏水还会引发隧道基础的沉陷，进而造成地面和地面建筑物的不均匀沉降和破坏，使得地表水和含水层中的水大量流失，破坏周围的生态环境。

②隧道衬砌周围积水。运营隧道中地表水和地下水向隧道周围渗流汇集，水压力较大时会导致衬砌破裂和拱脚下沉，使围岩的结构面软化或泥化，使膨胀性围岩体积膨胀。在寒冷地区造成冰胀和围岩冻胀。在黄土隧道衬砌周围的水还会离析土中的胶体并带出黄土，使周围的衬砌变成空洞。

③潜流冲刷。主要是指由于地下水渗流和流动而产生的冲刷和溶蚀作用，使得隧道衬砌基础下沉。它可使边墙开裂或者仰拱、隧道内路基下沉开裂；围岩滑移错动可导致衬砌变形开裂；对超挖回填不密实或未全部回填的，引起围岩坍塌，导致衬砌结构破坏。

2）病害原因分析

引起隧道病害的原因有多种，主要可分为人为因素和自然因素两类。

衬砌裂损的成因因围岩级别划分不准、衬砌类型选择不当，造成衬砌结构与围岩实际荷载不相应引发裂损病害。客观上因隧道穿越山体的工程地质和水文地质条件复杂多变，受勘测设计工作的数量、深度所限，大量的隧道都只有较少的地质钻孔，设计阶段难以取得完整准确的资料，可能出现一些地段的围岩级别划分不准，衬砌类型选择不当的情况。如果在施工中得不到纠正，或施工中进行了错误的设计变更，都会造成这些地段的衬砌结构与围岩实际荷载不相适应。例如对一些具有膨胀性围岩地段未采取曲墙加仰拱衬砌；偏压地段未采取偏压衬砌；断层破碎带、褶皱区等局部围岩松散压力或构造应力较大的地段未采取相应的衬砌结构加固措施；对地基软弱和易风化泥化地段未设可靠防排水设施等。施工时受技术条件限制，方法不当，管理不善，造成工程质量不良。例如先拱后墙法施工时拱架变形下沉，造成拱部衬砌产生不均匀下沉，拱腰和拱顶发生施工早期裂缝；拱顶与围岩不密贴；过早拆除模板支撑使下沉衬砌承受超容许的荷载，易发生裂损。上述这些问题包括水害均可能造成隧道衬砌的裂损。

隧道水害的成因是修建隧道破坏了山体原始的水系统平衡，隧道成为所穿越山体附近地下水集聚的通道。在工程勘察设计中对其工程地质及水文地质情况了解得不够仔细，对衬砌周围地下水源、水量、流向及水质勘察不全，有时还缺乏反映防水材料性能的室内试验数据和对结构抗渗、抗腐蚀的具体要求，另外由于施工和监理中存在的问题也是形成水害的原因，目前国内许多厂家生产的防水材料质量不过关也是一个很重要的原因。

3）病害处治大中修

（1）衬砌裂损。

整治衬砌裂损病害首先要消除已有的衬砌裂损带来的对结构及运营的一切危害，并防止裂损进一步加大。其次是采取以稳固围岩为主，稳固围岩与加固衬砌相结合的综合治理措施。①治水稳固岩体。引起隧道病害中地下水的浸泡与活动对各种围岩的稳定性影响最大。通过疏干围岩含水，坚决地采取治水措施是稳固岩体的根本措施之一。②锚杆加固岩体。对较好的岩体（小于Ⅴ级），自衬砌内侧向围岩内打入一定数量和深度（3~5m）的金属锚杆、砂浆锚杆，可以把不稳定的岩块固定在稳定的岩体上，提高破碎围岩的黏结力。③注浆加固岩体。通过向破碎松动的岩体压入水泥浆液和其他化学浆液（如铬木素、聚氨酯等），加固围岩。④支挡加固岩体。对靠山、沿河偏压隧道或滑坡地带，除治水稳固山体外，尚可采用支挡措施，包括设支挡墙、锚固沉井、锚固钻（挖）孔桩等来预防山体失稳与滑坡，这种工程措施只能用于洞外整治。⑤回填与换填。如果衬砌外周围存在着各种大小空隙（如超挖而没有回填等），要采取回填措施，用砂浆或混凝土将围岩空隙回填密实。如果隧道底存在厚度不大的软弱不稳定的岩体或有不稳定的充填物，可以采取换填办法处理。

衬砌更换与加固可用压浆加固，实施圬工体内、背后压浆、嵌补、喷锚和套拱加固以及更换衬砌的方法。

（2）衬砌侵蚀。

在各类侵蚀病害中，除了烟的机械侵蚀外，水是主要的致害媒介，因此，防蚀必先治水。环境水对混凝土和水泥砂浆的侵蚀作用主要可归纳为三种：溶出性侵蚀（即非结晶性侵蚀）、结晶性侵蚀和复合性侵蚀（溶出性和结晶性两种侵蚀同时作用或交替作用）。主要措施有：

①采用抗侵蚀混凝土，选择抗侵蚀水泥材料和外加剂。

②采用防蚀层，确定防蚀层铺设面，制作防蚀层；伸缩缝、变形缝防蚀；已腐蚀衬砌的加固与翻修。

对于渗漏水现象可采用以下措施处治：

①增设衬砌背面排水系统，即在边墙内加设竖向盲沟及泄水管，将渗漏水引入隧道的边沟内排出。

②对裂缝集中处的漏水，可采取封闭裂缝埋管排漏。

③衬砌工作缝处漏水，可加设工作缝环形暗槽，将漏水通过暗槽内的半圆管排入纵向边沟。

④设表层导流管。

15.4.4 隧道养护注意事项

（1）隧道养护工程施工必须建立健全安全管理制度，落实安全分管领导和责任人；施工单位应按照《公路养护安全作业规程》的相关规定，做好施工现场标准化建设，合理布设施工作业区，设置标志和安全防护设施，保证施工车辆、人员和过往车辆的安全，必要时还应协助有关部门做好交通疏导工作。

（2）隧道管养单位应采取有效措施，加强隧道养护工程的施工管理。对需要封闭交通（除紧急情况外）的施工，应在取得施工许可后，在项目开工前15日发布相关信息。

（3）隧道养护维修资料应及时归档，资料包括隧道的维修、改造、改建工程的设计图纸、竣工图纸、施工资料、监理资料、监控（监测）资料、质量事故处理报告、交（竣）工验收等技术资料，以及设计、施工、监理和监控（监测）等各方的资质证书（复印件）、业绩证明（复印件）及其主要检测人员的资格证书（复印件）等。

第16章 农村公路预防性养护

预防性养护就是在路面没有发生结构性破坏以前,为了更好地保持路面的良好运营状态,延缓路面的破坏,获取路面生命周期内的最大效益,在不增加结构承载能力的前提下,在适当的时间,采取相应的技术措施用以改善路面系统的功能状况,延长其使用寿命,提升路面服务水平。

随着我国农村公路建设项目的不断增多,农村公路养护工作引起了人们的广泛关注。经过实践可知,如果在农村公路出现病害之后再采取养护措施,其施工成本过高,也对人们的正常通行影响过大。因此,为了降低施工成本,人们逐渐采取了预防性农村公路养护,将病害防治工作作为养护的重点,进而延长农村公路的使用寿命,同时也达到了降低养护成本的目的。农村公路沥青路面的预防性养护技术应该充分考虑当地农村公路的实际情况,采取科学的养护措施,并进行预防性公路养护的技术研究。

16.1 预防性养护计划管理

农村公路沥青路面预防性养护技术在国内没有具体的定义标准,要对农村公路实现预防性养护,首先应掌握最佳养护时间,时间选择应能够最大限度地节省养护经费,其次是在技术上要满足养护的需求,采取正确的施工方案,最后要在性能上满足工程的要求和特点,比如农村公路养护和高级干线公路养护应该予以区分。

1)预防性养护时机的确定

主要根据有效的科学检验和论证来选择何时进行道路预防性养护,要严格执行我国关于公路路面状况评价方面的相关标准依据,遵循预防性养护方面的常规流程,通过年度检测、调查、评定的结果,合理确定预防性养护的项目。

(1)一般规定。

①应首先对计划实施预防性养护的路段进行路面技术状况详细调查与检测。

②在调查与检测工作的基础上,认真进行路况分析和技术判定,符合预防性养护路况宏观标准和微观标准的路段,方可采用预防性养护技术。

③在实施预防性养护之前,应按现行《公路养护技术规范》(JTG H10)相关技术要求,预先对路面所有非主导型损坏进行及时、规范处理。

(2)路况宏观标准控制。

沥青路面预防性养护的路况宏观指标采用 PSSI、RQI、SFC 和 PCI 四项,其中 PSSI、RQI 和 SFC 为检验指标,PCI 为判定指标。即在 PSSI、RQI 和 SFC 满足要求的前提下,以 PCI 为标准判定路面是否需要进行预防性养护。

(3)微观标准控制。

①在满足宏观判定标准的前提下,拟实施预防性养护的路段路况微观指标判定工作应首先对整个路段所有路面破损进行类型分级,以此确定适合进行预防性养护的路面主导损坏类型。

②公路路面损坏类型的严重程度分级标准应严格按照现行《公路技术状况评定标准》(JTG 5210)进行。

③根据路面主导损坏类型的定义,并通过对整个调查路段所有路面破损类型严重程度的分级与统计,准确确定该路段适合采取预防性养护措施的路面主导损坏类型。

④调查路段的路面主导损坏类型确定后,应按路线桩号以公里为单位,根据有关定义和指标对所有的路面非主导损坏类型逐一进行分级和数量统计,然后分别计算其破损率,最后按照预防性养护路况微观标准中非主导损坏类型破损率的限值要求对每公里路面进行路面预防性养护的微观判定,以进一步甄别被评价路面单元是否可以进行预防性养护,并对不能实施预防性养护的个别路面单元予以剔除。

2）预防性养护工作流程

首先进行路面技术状况的调查、检测,依据宏观判定标准对调查路段的路况调查、检测结果即整体路面技术状况是否满足路面预防性养护宏观标准进行判定,然后根据有关术语定义要素选择确定该路段的路面主导损坏类型,并对其他所有非主导损坏类型进行统计、分析,再依据微观判定标准对调查路段的各个单元路面是否满足路面预防性养护微观标准进行判定,通过进一步的甄别和筛选,以此选择确定适合采用预防性养护措施的具体路段。综合考虑公路等级和交通量等各种技术因素进行路面预防性养护技术方案的初选,通过对所选方案的性价比和各种技术因素的综合评判,最后确定最佳预防性养护技术方案与实施时机,并及时组织预防性养护工程实施。

3）预防性养护方案选择

对于已确定的预防性养护适宜路段,首先在准确确定路面主导损坏类型及其程度分级的基础上,进行适合路面预防性养护技术方案的初选,然后通过对各种技术因素的综合评判确定最佳预防性养护技术方案。

16.2 预防性养护措施

16.2.1 裂缝、局部损坏类公路预防养护措施

1）裂缝封缝处理

公路沥青路面裂缝会进一步影响路面结构整体性,由于雨水可能通过裂缝侵入而损坏路基性能,可以进行封缝预防性养护处理。当前可用的封缝技术较多,可以采用各种工艺,如:6mm 以下裂缝,在用空压气体吹干净的前提下,浇灌热熔沥青或者乳化沥青,同时用细砂、铁屑进行封面处理;6mm 以上裂缝,可以先对裂缝进行切槽处理,用空压气体吹干净槽内的杂物后,使用乙炔气体加热深熔槽内各面,然后灌入细砂、细集料热拌沥青或乳化沥青拌合料,并进行捣实、封口、散砂、扫匀和压平处理。

2）裂缝封堵处理

裂缝封堵不同于前述封缝技术,是直接利用已有的、现成的、宽度不同的橡胶沥青或者改性橡胶沥青条对裂缝进行"封堵",然后使用乙炔气喷枪对裂缝和沥青条状烘烤直至变软,借助于橡胶沥青或者改性橡胶沥青条的延性,以及沥青条与路面沥青材料同质易黏结的特性成功封堵裂缝,在路面上表现为不渗水的带状物,能够有效提高路面防水效果。

3）局部损坏修补处理

公路路面局部损坏通常是由设计、施工缺陷引起,如路面材料间配合比不符合要求,导致路面承载力不足、耐水性差等问题,或者在超载、超限车辆较多情况下没有及时清理路面上洒落的碎石块,车轮进一步碾压碎石致路面开皮等因素影响,引发路面局部松散、网裂、龟裂、拥包等病害。局部损坏初期一般只有 $0.01 \sim 0.1 m^2$ 大小,如果不提早进行处理,极易由小快速变大,可以及时采用局部修补技术进行处理,从而防止病害继续蔓延,降低后期养护成本。可以采用的局部修补技术有沥青热拌热铺、热拌冷铺和就地热再生技术等。

16.2.2 表面喷洒类公路预防养护措施

"雾封层"是最为典型的喷洒类公路预防养护措施,是先将乳化沥青或者改性乳化沥青等路面养护剂液化成流体,然后使用专业的喷洒设备喷洒到路面上,变为流体状态的沥青会流入到缝隙、裂纹中及在路面上形成封闭的路面薄膜,从而起到修补防护作用。

"雾封层"技术较适用于不存在结构性病害、路面松散、渗水严重及由老化引起的出现细微裂纹的路面。公路路面诸多病害都是由渗水引起的,"雾封层"技术对于防止路面渗入具有很好的作用。该技术的特点是公路沥青路面预防性养护效果明显、成本低、施工操作简单,但是持续有效时间较短,一般只有1~2年,属于暂时性的公路沥青路面预防性养护措施。

16.2.3 封层类公路预防养护措施

1) 稀浆封层与微表处技术

稀浆封层技术是将乳化沥青、添加剂、粗细集料、填料和水等材料依据特定比例在专业设备中进行拌制,最终变为有一定流动性的混合物,然后将其均匀摊铺到路面上,在路面上形成一个沥青保护层;该技术较适用于二级及二级以下公路沥青路面养护。微表处技术类似于稀浆封层技术,但不同点在于微表处技术必须使用改性乳化沥青,而稀浆封层可以是普通乳化沥青,且在气温、空气湿度良好情况下施工后一小时内就可以开放交通;由于微表处技术所使用原材料比稀浆封层技术的要求要高,所以微表处混合料的质量也高于稀浆封层,这也使得微表处技术更多地应用于高速公路、一级公路等路面使用性能要求较高的公路沥青路面预防性养护中。稀浆封层技术和微表处技术可以对路面起到很好的防水、防滑、填充、耐磨、改善平整度等作用,但不适用于路基变形较大、路面有明显疲劳裂缝、严重温度裂缝和较深车辙路面的预防性养护。

2) 石屑封层技术

石屑封层技术是先在路面上喷洒一层沥青、改性沥青或者改性乳化沥青热胶结料,然后在其表层撒布单一粒径或者级配粒径的碎石屑并进行碾压。在碾压作用下,石屑可以对路面起到封层作用而改善路面的防水性能,提高路面的抗滑能力,该技术施工简单易行且操作成本低,但缺点是由于养护需要较长时间,所以需要较长时间的阻断交通,再者就是养护施工后会使行驶车辆噪声变大,行驶车轮也可能将缝隙中的集料带出使路面抗滑性能降低,适用于交通量较小的低等级公路路面。

3) 同步碎石封层技术

同步碎石封层技术是指单一粒径的碎石与改性沥青、改性乳化沥青等胶结料借助于碎石封层机分两道工序同时、同步地撒铺到路面上,并及时使用轮胎压路机碾压压实,及时碾压的目的在于促进碎石和胶结料在温度降低前充分的结合。碎石和胶结料被撒铺到地面后,撒铺的胶结料会在表面张力作用下爬上碎石表面,爬升高度能达到石料高度的三分之二,在碎石周围成月牙形弧面,从而有力保证碎石与胶结料的充分牢固结合,用同步碎石封层技术处理过的路面具有很好的耐久性、耐磨性和防水性。为保证同步碎石封层技术的效果,需要选择性质相容石料和胶结料,同时严格计量石料、胶结料用量,如果碎石过多可能会使结合力下降,发生碎石脱落,而胶结料过多则会发生路面泛油,路面摩擦系数降低等问题。

16.2.4 薄层罩面类公路预防养护措施

薄层罩面技术是指在原路面结构上加铺一层新的沥青路面,起到提高路面平整度、增加行车舒适度、增加路面粗糙度的作用。该技术对治理裂缝、塌陷、车辙和渗水等路面病害效果较好。其施工是借助于摊铺机或者其他专业摊铺设备将纯沥青或者改性沥青、添加剂、集料等进行混合,然后均匀摊铺到路面上,同时用压路机碾压平整。薄层罩面技术较多地用在路面无结构性损坏、路面轻度网裂、平整度差和车辙深度小于10mm左右的公路沥青路面预防性养护中,摊铺厚度保持在20mm左右,局部路段可以进行加厚处理。目前,主要有三种薄层罩面技术,分别是热薄层罩面技术、冷薄层罩面技术和热拌冷铺薄层罩面技术。

1) 热薄层罩面技术

热薄层罩面技术是最为传统的路面加铺技术,是在原路面上加铺一层厚度不超过30mm的改性沥青混合料,旨在改善沥青路面的相关使用性能;加铺厚度主要有三个等级,25~30mm、20~25mm和

15~20mm。该技术施工中由于加铺厚度太薄,不能使用传统压路机进行压实,需要使用新式的低幅高频压路机。该技术的不足之处在于高温拌和会促进沥青进一步老化,从而降低沥青的黏结性能。目前使用的热薄层罩面技术主要有热拌密实型沥青混合料 AC 罩面、沥青玛琋脂碎石结合料 SMA 薄层罩面、多碎石沥青混凝土 SAC 罩面和橡胶粉改性沥青混合料罩面等。

2）冷薄层罩面技术

冷薄层罩面技术是指在常温环境下将改性沥青或者改性乳化沥青与砂石集料进行均匀拌和并摊铺在原沥青路面上,以及进行碾压密实成型的一种造面工艺技术。该技术的优点是节约能量、避免环境污染及对施工人员伤害小,施工时间不受潮湿天气、雨季限制。

3）热拌冷铺薄层罩面技术

热拌冷铺薄层罩面技术是一种新兴的造面工艺技术,是在改性乳化沥青中添加专用添加剂,然后进行非高温的砂石集料加热拌和,在自然降温后以袋装形式存储于仓库中,随用随取。使用其进行公路养护时,打开包装均匀摊铺在原沥青路面上并进行碾压密实成型即可开放交通。该技术的关键机理在于专用添加剂的作用,同时配合阳光照射集料就可破乳黏结。

第17章　浙江省农村公路四新技术养护应用实例

随着浙江省经济的迅速发展,公路交通流量和重载交通量日益增大,使公路路面面临严峻的考验。公路养护工程具有经常性、及时性的特点,但由于传统公路养护工程施工时间较长、工程量较大,使得在公路养护过程中不得不长时间封闭一半公路,很大程度上影响了公路运营的安全性。因此,如何在养护工程中应用四新技术(新材料、新技术、新工艺、新设备),缩短公路养护工程施工时间,成为公路养护部门迫切需要解决的问题。

"四新"技术的发展及应用对于公路养护的发展起到了积极的作用,新技术、新材料等的应用使得公路养护工程时间缩短,且修补效果较好,将养护施工对交通的影响程度降至最低。推广应用四新技术不但可节约工程造价、缩短工期,而且可实现原路面材料再生利用等节能环保养护。

17.1 泡沫沥青厂拌冷再生技术应用

泡沫沥青厂拌冷再生技术属于路面大修的一种新工艺。传统道路的主要维修方案为直接加铺和翻挖重建,然而这两种工艺均存在重大缺陷。翻挖重建的方式在施工过程中丢弃的废料不但造成资源浪费,而且占用大量的土地资源,对环境形成了直接的危害;而直接加铺的施工方法则会造成路面高程的抬升,使得路面结构进一步复杂,对今后的维修工作带来了极大的不便。鉴于传统维修手段中存在的种种弊端,使得旧料回收利用的路面再生技术成为道路养护中重要的技术手段之一。

17.1.1 泡沫沥青厂拌冷再生技术

泡沫沥青厂拌冷再生技术是指将旧沥青混凝土面层挖除或铣刨,充分利用现有旧沥青混凝土材料,利用固定厂拌再生设备加入少量新集料,并按比例加入一定量的泡沫沥青、水泥和水,在自然环境温度下拌和,形成厂拌冷再生混合料,并经运输至公路施工现场,通过摊铺及压实成型,重新形成具有所需承载能力结构层的一种工艺方法,其原理如图17-1所示。

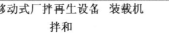

图 17-1 泡沫沥青厂拌冷再生基本原理

厂拌泡沫沥青冷再生施工的主要工艺包括:①旧路材料的铣刨与集中;②铣刨料破碎、筛分和储存;③泡沫沥青再生混合料的生产和运输;④泡沫沥青再生混合料的摊铺和压实。

厂拌泡沫沥青冷再生施工主要设备包括:旧路铣刨机、厂拌冷再生机械、装载机、水泥料仓(20~50t)、沥青罐车(不低于20t)、摊铺机、双钢轮振动压路机(带强弱振动调整)、单钢轮振动压路机(带强弱振动调整)、轮胎压路机、水车(带有喷洒装置)等。

施工流程为:摊铺机摊铺(松铺系数取1.32)→压路机静压1遍→高频低幅压实3遍→高幅低频压实2遍→轮胎压路机压实4遍→养护2d→下封层→沥青面层。

泡沫沥青冷再生技术的大力推广应用,解决了沥青废料的堆放问题,缩短了施工工期,减轻了路网的运输压力,减少了矿山开采,保护了自然生态环境,创造了巨大的经济效益和社会效益,为构建节约型、环保型交通运输行业作出了巨大的贡献,符合当前大力发展循环经济的社会要求。

泡沫沥青厂拌冷再生技术有其突出的特点,主要表现在:

(1)环保。旧沥青混凝土路面厂拌冷再生技术的第一个优势就是其环保功能。在对环保要求日益严格的今天,大量的道路需要养护维修。采用冷再生技术,一方面不需要从自然界开采大量的砂、石、沥青等原材料;另一方面也不向自然界倾倒大量的废旧沥青混合料。旧沥青混合料是有毒物质,靠自然分解时间比较长,将对环境造成极大的影响。因此,冷再生技术可以带来非常显著的社会效益。

(2)节约投资。目前,传统的沥青混凝土路面的大修方法是将旧路面冷铣刨,然后铺筑全新的基层和沥青面层。厂拌冷再生百分之百利用了旧沥青混合料,再生维修时只添加再生剂和部分新沥青混合料,使得路面的维修成本显著降低,根据国外经验和国内实际项目情况计算,其费用仅占传统维修方式的70%~90%。因此,冷再生技术可以带来非常显著的经济效益,对业主来说,可以减少初期资金的投入和以后的日常养护费用。

(3)工期短。泡沫沥青厂拌冷再生材料与传统的水泥稳定碎石基层材料相比,养护时间可以缩短三分之二左右,可以明显压缩施工工期,减少对过往车辆的干扰。

(4)计算机控制的精确连续拌和。保证了旧路材料、新集料、泡沫沥青和水泥按照设计配合比充分拌和,有效保证了再生材料的质量。

(5)结构的完整性。冷再生施工产生的较厚铺层内,不存在传统施工方法中有时出现的较薄铺层间的薄弱界面。

(6)不需要加热。常温条件下就能实现,节约了大量的能源,还减少了环境污染。

(7)进行厂拌再生施工,可以发现下承层的病害,并可进行有效病害处理,避免了隐患病害的发生。

17.1.2 泡沫沥青厂拌冷再生技术的应用实例

泡沫沥青厂拌冷再生技术在浙江省农村公路中得到了广泛的应用,X109湖盐线桐乡段大修路段为右幅机动车道,起讫桩号为K48+144~K56+145,全长7.551km,K53+967~K55+059左幅非机动车道计1.092km,单幅计8.643km。路基宽38.5m,路幅布置为:中央分隔带3m+行车道2×12.25m+非机动车道2×3.5m+土路肩2×0.5m。泡沫沥青厂拌冷再生主要应用在以下几个路段:

(1)K48+144~K49+040、K50+280~K51+147右幅机动车道,单幅计1.763km。具体为:铣刨机动车道原路面结构层16cm并处治病害后,加铺18cm厂拌冷再生泡沫沥青基层+沥青封层+5cm AC-16C细粒式沥青混凝土面层。

(2)K51+147~K53+850右幅机动车道,单幅计2.703km。具体为:铣刨机动车道原路面结构层17cm并处治病害,再进行水泥稳定碎石基层就地冷再生(再生后厚20cm)后,依次加铺15cm厂拌冷再生泡沫沥青基层+沥青封层+5cm AC-16C细粒式沥青混凝土面层。

(3)K54+650~K55+352右幅机动车道,单幅计0.702km。铣刨机动车道原路面结构层22cm,进行处治病害和水泥稳定碎石基层就地冷再生(再生后厚20cm)后,依次加铺15cm厂拌冷再生泡沫沥青基层+沥青封层+6cm AC-20C厂拌热再生沥青混凝土+沥青黏层+4cm AC-13C细粒式沥青混凝土面层。

通过对推广应用工程的现场调研和试验检测,对三种路面材料(热沥青混凝土、水泥稳定碎石和泡沫沥青厂拌冷再生混合料)和两种路面结构(传统挖除重建路面和泡沫沥青厂拌冷再生路面)的能耗和排放进行了分析和比较,并得出以下结论:

(1)热拌沥青混凝土的能耗明显高于其他三种路面材料,泡沫沥青厂拌再生层能耗分别为热拌沥青混凝土层的14%和水稳碎石基层的38%。

（2）热拌沥青混凝土的排放远远高于泡沫沥青厂拌冷再生材料，泡沫沥青厂拌再生层总排放为热拌沥青混凝土层的4.0%。

（3）在单位面积（1m²）中，耗能最大为传统挖除重建路面结构，是泡沫沥青厂拌冷再生路面结构的近2倍。

（4）泡沫沥青厂拌冷再生路面结构的CO_2排放分别仅为传统挖除重建路面结构的53%。

泡沫沥青冷再生技术的大力推广应用，解决了沥青废料的堆放问题，缩短了施工工期，减轻了路网的运输压力，减少了矿山开采，保护了自然生态环境，创造了巨大的经济效益和社会效益，为构建节约性、环保性交通运输行业作出了巨大的贡献，符合当前大力发展循环经济的社会要求。

同时，解决了路面大中修工程中，采用单纯加厚路面面层的常规设计方案，使得经过大中修的路面，不影响公路与公路交叉，公路与道路周边接线带来的问题。

17.2 水泥稳定碎石基层就地冷再生技术应用

我国路面结构基本上都采用半刚性基层，在重载作用下基层很多已出现了开裂、破碎等破坏，在路面维修、改造时需一并处理。目前浙江省对于沥青面层材料已经开展了就地热再生、厂拌热再生、泡沫沥青就地冷再生、泡沫沥青厂拌冷再生等多种再生方式，并取得了巨大的社会和经济效益。但对于相当比重的大修路段，由于高程限制、基层大面积损坏等因素往往需要对基层甚至底基层进行挖除，从而产生比沥青面层多出3~5倍的基层材料，挖除的这些半刚性基层材料数量十分巨大。以浙江省46167km等级公路为例，每年约有8%的沥青路面需要进行大中修改造，其中40%采用翻修施工工艺，如果路面宽度取12m，则挖除基层厚度为20cm，那么每年由于挖除产生的基层铣刨材料大约有815万t，这些材料如果不加以合理利用，既污染了环境，又浪费了宝贵的资源。

目前国内一些省份对于基层或底基层材料（主要是半刚性材料）主要采用就地冷再生技术及厂拌冷再生技术，即将沥青面层和基层（或部分基层）旧料一并铣刨后就地或运至拌和厂与水泥拌和加以再生利用，施工速度快，造价也相对较低。由于沥青面层和基层（或部分基层）一体化再生利用过程中，其原材料性能与新砂石料存在差异，而且不同道路所用无机结合料不同，其稳定的粒料或土质不同，使得回收得到的半刚性基层材料性能也大相径庭。因此，若对回收的旧半刚性基层材料性能不加区分，而是简单套用水泥稳定碎石基层材料设计方法来设计水泥再生混合料，显然不能充分有效利用旧基层材料。

17.2.1 水泥稳定碎石基层就地冷再生技术

就地水稳再生技术是指在旧混合料（必要时加入一定比例的新料）中，加入一定剂量的水泥，在最佳含水率状态下拌和形成再生混合料，再生深度一般为15~25cm，通过整形、碾压、养护形成新的水稳再生基层，是一种利于环保和节约能源的道路维修方式，其施工工艺原理如图17-2所示。

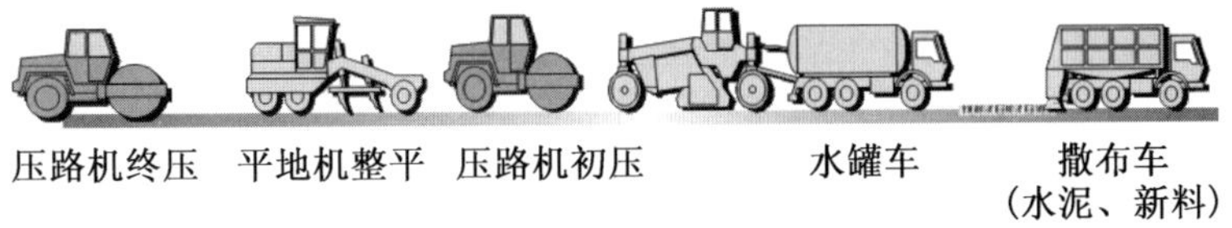

就地再生机铣刨拌和

| 压路机终压 | 平地机整平 | 压路机初压 | 水罐车 | 撒布车（水泥、新料） |

图17-2 水泥就地冷再生施工工艺原理

就地冷再生设备的核心是由一个装有若干个硬质合金刀具的切削转子、拌和水喷洒系统组成的铣刨拌和装置。铣刨转子向上旋转铣刨原路面材料的同时，可以通过喷洒系统将水喷入拌和腔，这样使得拌和水、旧路面材料、添加的新料、水泥等拌和在一起，铣刨拌和原理如图17-3所示。

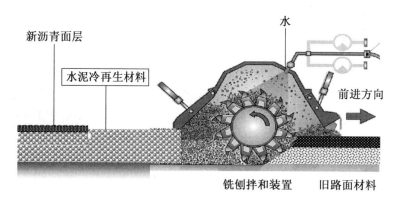

图 17-3 水泥就地冷再生施工铣刨拌和原理

养护工程中采用就地冷再生施工,由于全部利用了旧的铺层材料,从而减少了公路维修或改造时旧铺层材料的挖起运输、废置和新材料的购置,从而导致成本大幅度下降,其工艺流程如图 17-4 所示。

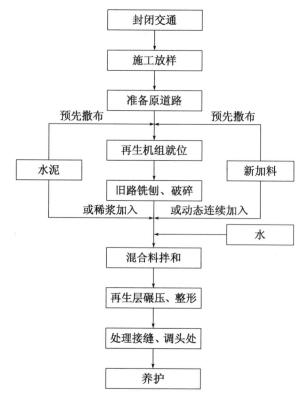

图 17-4 水泥就地冷再生工艺流程图

17.2.2 水泥稳定碎石基层就地冷再生技术的应用实例

2016 年桐乡市县道大中修工程——X811 乌滕线（K6+223~K11+334）中利用了水泥稳定碎石基层就地冷再生技术,其中 K6+223~K9+400 段,铣刨 5cm 原路沥青面层后,对 20cm 现状二灰碎石基层进行就地冷再生,厚度控制为 25cm；K9+400~K10+400 段,铣刨 5cm 原路沥青面层和 5cm 二灰碎石基层后,对剩余 15cm 二灰碎石基层及基层下 5cm 原沥青面层进行就地冷再生,厚度控制为 25cm；K10+400~K11+334 段,对 5cm 原路沥青面层和 10cm 二灰碎石基层进行就地冷再生,厚度控制为 20cm。各段基层冷再生完成后,最后再统一回铺 5cmAC-20C 沥青混凝土下面层 +3cmAC-13C 沥青混凝土上面层。

1) 经济效益分析

该项目水泥稳定碎石就地再生基层共实施了 5.111km,宽度为 7.0m,再生层厚度 25cm,总工程量

为 $5111 m \times 7.0 m \times 0.25 m \times (2.013 \times 10^3) kg/m^3 = 18005 t$。

通过经济效益的角度分析,就地冷再生与传统挖补方案相比,主要节省了两笔费用,一是铣刨材料的运输和处置费用,二是新石料的采购费用,但增加了就地再生机组租赁费。

传统维修方案主要费用分析:

(1)铣刨运输费:20 元/t(挖除)+10 元/t(运输)=30 元/t。

(2)水泥稳定碎石拌和设备费用:10 元/t。

(3)按照目前国家关于工业固体废弃物实行集中处置的规定,参照嘉兴地区固体废弃物运输和处理单价为 5 元/t。

(4)新石料的采购费用:按照现价天然石料约 70 元/t。

水泥就地冷再生维修方案主要费用分析:

再生机组使用费:30 元/t。

因此,通过比较计算,采用水泥就地冷再生方案比采用传统维修方案合计节省工程造价:(30 + 10 + 5 + 70 - 30) 元/t × 18005t = 153.04 万元。

2)社会效益分析

(1)铣刨料再利用可以就地取材,施工所需要和使用的原材料都已在公路上,因此对开山取石的需求量大大减少,有效地保护了自然资源;不需要运输大量的原材料,既节省了能源,也大大减少了货车排放尾气所造成的空气污染;不必再将这些材料运往废物填埋场进行处理,而将其有效地转化成一种有价值的生产材料,真正实现了环境保护的目的。

(2)由于充分利用了原路的材料,解决了废料对环境的污染,减少了开山采石对环境的破坏,解决了路面翻修所产生大量废料对环境污染问题,保护了人类生存的环境,符合我国可持续发展战略中废物资源化的要求;节省了投资,降低了工程造价,使某些原来不能及时翻修的原路面结构得以修复,从而改善道路状况,提高公路的运输能力,降低运输成本,减少可能发生的交通事故,保证行车舒适安全。

(3)按照天然石料的能耗为 50MJ/t,那么采用水泥冷再生方案,累计减少能耗为 50MJ/t × 18005t = 900250MJ,如按照规定标准煤(热值为 29.3MJ/kg)换算,该项目累计节省 30.7t 标准煤。

比较于传统大修方式,采用水泥冷再生施工工艺进行基层的再生利用,节约投资近 33%。与单纯加厚路面面层的常规大修设计方案对比,采用就地冷再生技术不影响公路与公路交叉,以及公路与道路周边的接线。

17.3 乳化沥青就地冷再生技术应用

17.3.1 乳化沥青就地冷再生技术

乳化沥青就地冷再生技术是以乳化沥青作为再生剂,适当添加水泥、新料等,采用就地冷再生机组设备对原沥青路面进行铣刨、再生利用的一项技术。

乳化沥青是将黏稠沥青加热至流动态,经机械力的作用,形成微滴(粒径约为 $2 \sim 5\mu m$)分散在有乳化剂-稳定剂的水中,形成均匀稳定的乳液,又称沥青乳液。乳化沥青混合料最终强度的构成从本质上讲与热拌沥青混合料是一致的,但是由于乳化沥青是沥青与水的混合物,乳液中沥青必须经过与集料的黏附、分解破乳、排水、蒸干等过程后才能完全恢复原有的黏结性能。因此,乳化沥青混合料强度形成有一个逐渐发展稳定的成型过程,主要表现在乳液中水分排出。

在乳化沥青混合料拌和之初,分散在混合料中的水分不能立即排净,这些水分大多数呈游离状态,占据着混合料分散体系的空隙,由于水的黏度低,会降低集料之间的内摩阻力,从而降低了混合料的强度和稳定性。在一定的养护条件和行车荷载的压实作用下,混合料中的水分逐渐排出蒸干,混合料中的残留沥青在集料表面的分布状况得到进一步的调整,粗细集料之间的位置也相应地调整到最佳状态,使得沥青混合料的密度逐渐增大,抵抗外力荷载的能力也随时间的增长而加强,最终成为与热拌沥青混合料本质上一样的路面材料。

就地冷再生技术采用就地铣刨,就地再生摊铺的方法,充分利用了旧沥青混凝土,消除原路的一些病害,如沥青面层的车辙、拥包、裂缝和松散等,同时可以保持路面高程,重建道路轮廓,改善横坡,从而提高道路等级。与传统的沥青路面大中修方式相比,就地冷再生技术能够节约原材料,缩短工期,对交通影响小,节省施工建设成本,同时具有循环利用废料,节约能源,保护环境,降低环境污染的优点,社会经济效益尤为显著。

直接用作面层的乳化沥青就地冷再生技术可作为沥青路面修复、养护或升级的常规方式之一,乳化沥青具有许多优越性,具体优点为:

(1)节约能源。采用热沥青筑路要消耗燃料,主要是在施工过程中,为了时刻保持沥青应有的高温,常常对沥青要进行重复加温与持续加温。采用阳离子乳化沥青筑路,现场施工简便,只需在沥青乳化时一次加热,而且沥青加热温度只需达120~140℃,不需将沥青加热至170~180℃高温后再去使用,砂石等矿料也不需烘干加热,可以节省大量的燃料与热能。

(2)节省资源。在道路使用年限的中后期,只是路面的性能降低了,然而石料的物理性质并没有起到变化,按照常规的方式进行铣刨、堆置是很浪费的,特别是像我国这样的缺乏优质沥青的国家来说,这种浪费更为惊人。阳离子沥青溶液与集料表面具有良好的黏附性,可以在集料表面形成均匀的沥青膜,施工时容易准确地控制沥青的用量,保证集料之间能有足够的结构沥青,使自由沥青降低到适宜程度,一般可以节省沥青用量为10%~20%。另外,因为阳离子乳化沥青与碱液和酸性集料都有良好的黏附效果,从而扩大了集料的来源,更便于就地取材,减少材料的运输,降低工程造价。

(3)可以冷施工,延长施工季节。热拌沥青的拌和、摊铺、碾压都有严格的温度限制,拌和时温度过高,沥青过度老化,路面便会过早的出现病害。在碾压时,过高的温度会导致推移,不易于压实;反之温度过低,矿料则会和沥青裹覆不均匀,出现不同程度的"白料",在摊铺过程中,温度则更加重要,在施工的时候都必须严格控制最低碾压温度,在低于这个极限温度后,不仅不能压实,反而会破坏已压实的路面。

由于阳离子沥青具有良好的温度适应力,因此可以大大延长施工季节,并且有利于沥青路面的及时维修养护,及时制止病害的加剧与扩大,直至完全消除。关于延长的时间,随气候条件因地区而有差异。乳化沥青用于筑路及其他用途时不需要加热,可以直接与集料拌和,或直接洒布,或喷涂于集料及其他物体表面,施工方便、节约能源、减少污染、改善劳动条件。同时减少了沥青的受热次数,缓解了沥青的热老化。

(4)改善施工条件,减少环境污染。在高温季节筑路时,筑路工人头顶烈日,脚踏滚烫的混合料,热沥青的气味呛得工人喘不上气来,工人手中的铁锹还要经常在火炉中烧烤,这种施工操作条件,加重了劳动强度,危害着工人的健康。而且热沥青搅拌厂造成的污染使得周围农作物及环境都受到不同程度的影响,尤其是热沥青施工中的烧烫伤、火灾等事故时有发生。

而阳离子乳化沥青乳液可在常温条件下使用,由于沥青乳液具有良好的工作度,可以均匀地分布在集料表面并且集料可以产生较好的黏附性,因而可以节省沥青用量。使用沥青乳液作业,现场不需要支锅、盘灶、熬油等,简化了施工程序,改善了筑路工人的施工条件,避免了烟熏火烤和火灾的发生,也减少了对于周围环境的污染。

17.3.2 乳化沥青就地冷再生技术的应用实例

浙江省根据实际的原路面铣刨料状况,研制了专用于就地冷再生的乳化沥青,设计了冷再生混合料的配合比,根据原路面结构和路面破损状况,设计了合理的再生路面结构,制订了对应的施工方案,最终成功将乳化沥青就地冷再生技术应用于湖盐线桐乡龙翔至梧桐段2015年公路养护大中修工程中。

湖盐线桐乡龙翔至梧桐段2015年公路养护大中修工程,全长4.141km,于2015年6月16日开工,至2015年8月25日完工。原路面面层结构为5cm厚AC-13C(SBS)+20/25cm厚泡沫沥青(右幅)、

5cm 厚 AC-13(SBS)+5cm 厚沥青混合料(左幅),实施乳化沥青就地冷再生的过程中,对 K43+216～K47+357 段路面:首先对基层及以下路面结构病害进行预处理,再对原路沥青混凝土路面进行 10cm 乳化沥青就地冷再生处理,设沥青黏层,最后统一加铺 5cm 厚 AC-13C(SBS)。

乳化沥青就地冷再生由于 100% 地利用了 RAP(可再生沥青),从而节约了新料,保护了生态环境,再生后提高了路面等级,节省了堆放 RAP 所需场地费用和运输费用。对已有项目进行跟踪调查,再生路面开放交通 2 年多后的调查结果表明,当前再生路面使用状况良好,具有很好的结构承载能力,只有极少量的裂缝和轻微的车辙,没有出现其他病害。

根据桐乡地区的经济状况和材料价格,对该项目进行就地冷再生、铣刨加铺、补强和厂拌冷再生四种方案的经济性对比分析,成本分析如图 17-5 所示。考虑到直接罩面不能非常有效地处治路面病害(如裂缝和车辙等),因此方案对比时没有采用直接罩面。就地冷再生层厚度为 10cm,参考 AASHTO 的结构层系数,在铣刨加铺和补强方案中采用相应的 8cm AC-20 代替,两者表示同等的路面结构作用。相对于乳化沥青就地冷再生方案的成本,厂拌冷再生、铣刨加铺和补强等方式的成本分别提高了 8%、10% 和 56%。

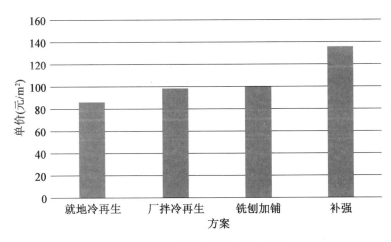

图 17-5 四种方案的成本分析

考虑环境效益,若将旧料全部废弃掉,以及进一步测算使用热沥青混凝土摊铺后将产生的环境污染(摊铺产生烟雾)、能源消耗(沥青及集料加热)和环境治理等费用,采用就地冷再生方案则具有更为可观的经济效益,保护了生态环境和节约了自然资源。

17.3.3 纤维碎石封层预防性养护

1)纤维碎石封层技术

纤维碎石封层是在同步碎石封层技术基础上发展起来的一种新的路面养护工艺。该工艺使用纤维同步碎石封层车同时依次喷撒改性乳化沥青、纤维、碎石。纤维同步碎石封层技术完全继承了同步碎石封层技术的优点,它采用纤维封层核心设备同步撒布沥青黏结料和玻璃纤维,然后在上面撒布碎石,经碾压成型后形成新的含有纤维的胶状板体(纤维同步碎石封层结构示意如图 17-6 所示)。这一胶状板体由于纤维的加入,大大提高了其抗拉强度,作为磨耗层或应力吸收层可以有效阻止原有旧面层上的裂缝或路基裂缝反射到上覆层。

纤维同步封层技术采用专用设备同步撒布两层乳化沥青及一层纤维,再立即撒布一层碎石集料,随即采用轮胎压路机进行初期碾压,最后通过行车的作用压实形成的沥青混合料薄层。较传统的碎石封层,纤维同步封层中的纤维细丝能形成均匀的乱相网状结构,使得路面具有较好的应力吸收和分散能力、高防水性、抗滑耐磨及抗反射裂缝等功能,延长了道路的使用寿命。纤维同步封层技术能够大大缩短路面养护时间,缩短了封闭交通的时间,在一定程度上减少了道路养护的成本,被称为沥青路面养护和建设的革命性新技术。

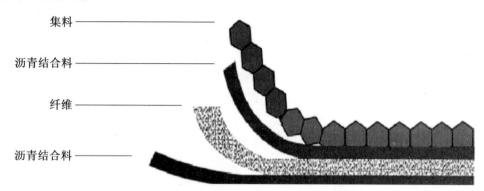

图 17-6　纤维同步碎石封层结构示意图

纤维同步碎石封层技术发源于英国,凭借其优越的性能及广泛的适用性,该技术在英国、美国、澳大利亚、法国等国家得到普遍应用。20 世纪 90 年代,美国得克萨斯州 A&M(Texas A&M University)进行了一项长达 15 年之久,分布于四个国家的对纤维同步碎石封层持续试验性评估,并进行跟踪试验,研究数据表明这一技术能够明显改善沥青路面质量,抗拉强度及抗疲劳性能均可提高 30% 以上,抗车辙性能提高 300% 以上。

纤维同步碎石封层在施工中,经过专门装置切割分散的纤维在上下两层均匀撒布的沥青结合料中呈现不规则的均匀分布,交错搭接,与沥青混合料形成网格缠绕结构,有效提高封层的抗拉、抗剪、抗压、抗冲击等综合力学性能。

纤维同步封层技术的施工步骤(图 17-7):

(1)选取合适的施工材料,包括改性沥青、基质沥青、乳化沥青添加剂、纤维、石料和水等。在选用改性沥青时,要根据现行《公路沥青路面施工技术规范》(JTG F40)的要求对改性乳化沥青进行选择。在选用基质沥青时,应检测其针入度、软化点、延度三项重要性指标,以满足施工的要求;在选用乳化沥青添加剂时,应事先对所选用的乳化沥青添加剂进行现场试验,待乳化沥青性能能够满足施工要求方能进行大面积的施工。

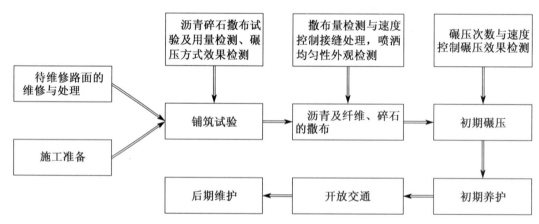

图 17-7　纤维同步碎石封层技术施工步骤

(2)在施工前,应准确确定施工区域,同时应该封闭施工路段的交通,避免行人、车辆对施工过程造成影响。同时应该清扫施工路段表面的泥块、石块等,避免影响沥青与路面的结合质量。同时应对路面的裂缝、坑槽进行填充。在撒布沥青、纤维、碎石时,采用纤维同步碎石封层车以确保撒布质量。行车速度控制在 3.5km/h 左右,在施工时,施工人员应实时观察纤维、沥青、碎石的撒布状况,有异常情况应立即处理。

(3)施工后,应立即使用轮胎压路机进行碾压,初次碾压速度控制在 2km/h 左右,行驶速度不宜过快。二次碾压速度控制在 2.5km/h 左右。在碾压完成后视具体情况对路面进行养护。开放交通后,应限制车速,一般控制在 35km/h 左右。严禁车辆在路面上高速行驶。

2)纤维碎石封层技术的应用实例

纤维碎石封层在沪瑞线桐乡绕城段 2015 年公路养护大中修工程追加项目中得到了应用,实施的路段为 K140+632~K148+300 左幅、K140+632~K151+800 右幅、K153+180~K153+432 全幅,道路为双向六车道一级公路标准。路面现状为沥青混凝土路面,路基宽 38.5m,设计速度 100km/h。路幅布置为:中央分隔带 3m + 行车道 $2\times(3\times3.75+2\times0.5)$m(含路缘带) + 机非隔离带 2×1.5m + 非机动车道 2×3.5 + 土路肩 2×0.5m,本次大中修路段合计单幅长 19.34 km。

从现状路面病害调查的结果显示,目前该路段病害较多,主要表现为不同类型的各类裂缝、轻微车辙,局部也存在沉陷、坑槽等。裂缝是该路段最为普遍的一种病害,但从钻心情况来看,横向裂缝主要为表面温缩裂缝和原路面处理不彻底出现的贯穿裂缝,纵向裂缝大多为表层裂缝,两类裂缝均未贯穿至基层。块状裂缝和龟裂也分布较广,局部伴有沉陷。由车辙处的芯样显示,基层基本完整且密实,车辙主要发生在沥青面层内,属于流动性车辙。桥头处的变形类病害较为严重,局部有较大的沉陷,说明基层已经受损,承载力下降。其他病害如坑塘、麻面和修补也存在于局部路段。

考虑到路面现状,本项目有针对性地采用纤维碎石封层罩面技术。根据纤维碎石封层技术的特点,在对原路面各类病害按规范进行处治后即可进行施工。纤维碎石封层施工现代化机械作业强,开放交通时间短,施工迅速的同时也缩短了工期。

纤维碎石封层具有独特的网络缠绕结构,由于纤维本身具有高抗拉伸强度的特性,可有效提高封层的抗拉、抗剪、抗压和抗冲击强度。纤维封层的独特结构具有较高的张力与弹力,对应力具有较强的吸收和分散功能,能够有效地抑制反射裂缝出现,从而提高道路的使用寿命。

传统的大、中修方式主要有铣刨加铺、补强或直接罩面等方法,采用纤维碎石封层不仅能节省堆放 RAP 的土地费用和运输费用,还可最大限度地节约工程造价,延长道路的使用寿命。对纤维碎石封层的经济分析结果表明,与传统处治方案相比,纤维碎石封层每平方米造价减少 34.9 元,下降约 56.3%。